Saberes docentes e autonomia
dos professores

Dados Internacionais de Catalogação na Publicação (CIP)
(Câmara Brasileira do Livro, SP, Brasil)

Campos, Casemiro de Medeiros
  Saberes docentes e autonomia dos professores / Casemiro de Medeiros Campos. 6. ed. – Petrópolis, RJ : Vozes, 2013.

  3ª reimpressão, 2019.

  ISBN 978-85-326-3434-4
  Bibliografia.
  1. Pesquisa educacional 2. Prática de ensino 3. Professores – Formação profissional I. Título.

06-8899   CDD-370.72

Índices para catálogo sistemático:

1. Professores : Formação profissional :
    Pesquisa educacional   370.72

2. Professores : Saberes docentes :
    Pesquisa educacional   370.72

Casemiro de Medeiros Campos

Saberes docentes e autonomia dos professores

EDITORA
VOZES

Petrópolis

© 2007, Editora Vozes Ltda.
Rua Frei Luís, 100
25689-900 Petrópolis, RJ
www.vozes.com.br
Brasil

Todos os direitos reservados. Nenhuma parte desta obra poderá ser reproduzida ou transmitida por qualquer forma e/ou quaisquer meios (eletrônico ou mecânico, incluindo fotocópia e gravação) ou arquivada em qualquer sistema ou banco de dados sem permissão escrita da editora.

CONSELHO EDITORIAL

Diretor
Gilberto Gonçalves Garcia

Editores
Aline dos Santos Carneiro
Edrian Josué Pasini
Marilac Loraine Oleniki
Welder Lancieri Marchini

Conselheiros
Francisco Morás
Ludovico Garmus
Teobaldo Heidemann
Volney J. Berkenbrock

Secretário executivo
João Batista Kreuch

Editoração: Sheila Ferreira Neiva
Diagramação: AG.SR Desenv. Gráfico
Capa: WM design

ISBN 978-85-326-3434-4

Editado conforme o novo acordo ortográfico.

Este livro foi composto e impresso pela Editora Vozes Ltda.

À
Erivânia,
Juliana Marina,
Fernanda e
Mariana:
mulheres da minha vida!

Sumário

Apresentação, 9

1. Os rumos da educação no mundo globalizado, 11

2. Saberes docentes e autonomia dos professores, 20

    Sobre a ação: antropologia cognitiva e ação situada, 21

    Por uma epistemologia da prática, 23

3. A prática curricular numa visão interinstitucional, 30

    Mapeando o contexto: uma geografia geral, 31

    Função social da universidade, 32

    Currículo, interdisciplinaridade e interinstitucionalidade, 33

4. A aula e o trabalho docente, 36

    A aula, 38

    A sala de aula, 40

    A prática pedagógica e as crenças dos professores, 43

5. Da relação família-escola: revendo vínculos e reciprocidade, 45

    Um olhar sobre a família na sociedade contemporânea, 46

    Da relação escola e família, 52

    A docência e a família, 54

6. A formação de professor e o curso de pedagogia no Brasil: caminhos e descaminhos na construção da identidade do pedagogo, 57

Formação de professor e o curso de pedagogia: síntese histórica, 57

As principais propostas para as Diretrizes Curriculares Nacionais do curso de pedagogia, 73

As Diretrizes Curriculares Nacionais para o curso de pedagogia: breve análise, 79

7. Educar para competências, 86

A teoria do capital humano e o desenvolvimento de competências, 92

O ensino e o desenvolvimento de competências, 95

Referências, 99

Apresentação

Saberes docentes e autonomia dos professores originou-se a partir da coletânea de cinco conferências proferidas pelo autor tendo em comum a reflexão sobre a docência. São artigos que trazem a discussão sobre o fenômeno da profissionalidade docente. A problemática que se coloca a partir da análise da prática dos professores se refere à compreensão dos saberes docentes e da autonomia dos professores.

O presente debate tem a sua centralização na tese básica em que se considera a ação do professor como a do artista que elabora uma peça ou esculpe da matéria bruta as formas que definem a figura criada em busca da perfeição e do belo. Assim, também, é o professor que se preocupa, envolve-se, emociona-se, esforça-se na construção do humano. O sentido da docência encontra-se na humanidade, em fazer no outro a humanidade: esculpindo no outro, pelo fazer humano, valores, personalidade e caráter, fazendo o outro sujeito de si.

Daí a profissionalidade docente ter como identidade a exigência da responsabilidade, autonomia e integridade do professor.

Vivemos um contexto de mudança. A sociedade da informação e do conhecimento tem submetido a escola a desafiadoras tarefas. Portanto, parte desta nova realidade a configuração da necessidade de um "profissional" bem-formado do ponto de vista técnico, político, pedagógico. Aí se põe a problemática dos saberes docentes e da autonomia dos professores: a reforma do sistema de ensino pressupõe a limitação dos saberes dos professores à competência técnica. Subjacente a essa questão tem-se duas posições principais que emergem posturas e interpretações distintas: a pedagogia da competência e a epistemologia da prática docente. Ambas perspectivas são tematizadas ao longo dos vários artigos.

A sociedade contemporânea necessita de professores capazes de formar nos alunos o pensamento crítico e a flexibilidade para que, de forma autônoma, possam se situar diante das novas exigências neste início de século. O termo profissionalidade docente refere-se à dimensão positiva do trabalho docente. O seu significado reporta ao desempenho dos professores em trabalho educativo e aos seus valores enquanto pretensão profissional.

Em *saberes docentes e autonomia dos professores* não se trata de caracterizar o que é ser um professor, mas procura-se compreender a prática educativa como ação reflexiva, explicitando os saberes presentes na docência para se fazer um bom professor.

1 / Os rumos da educação no mundo globalizado

Na história da humanidade, a escola surge a partir da necessidade de os grupos humanos se organizarem sob o conteúdo das suas tradições culturais, e, com isso, transmitirem os saberes adquiridos para garantir a existência das novas gerações. Pesquisas sobre o aparecimento da instituição escolar têm nos mostrado que a gênese da escola se fez quando um mestre-escola assumiu a tarefa de ensinar uma seleção de conteúdos previamente determinados – a escola de ler e escrever – juntando num mesmo local crianças e jovens com idades diferentes e graus de conhecimentos distintos – a escola multisseriada. A escola na sua evolução caracteriza-se quando, pela necessidade de atender aos anseios da aprendizagem de conteúdos sistematizados, exigiu que se separassem os alunos em classes e graus distintos e pondo-se uma sala ao lado da outra, com um professor. Assim, nasceu a escola nas mais diferentes sociedades. Ou seja, a sua função, como instituição, estava limitada à reprodução social. A educação entendia-se apenas como socialização.

Aqui aparecem alguns elementos que merecem destaque:

a) o processo de socialização, como processo de educação, que pressupõe sujeitos: aluno e professor;

b) o currículo oficial: conteúdos e disciplinas, e o currículo oculto;

c) a aprendizagem.

A escola está visceralmente vinculada aos processos de socialização. A escola transforma-se e, enquanto instituição social, demarca processos de educação com identidades distintas. Daí surgem os modelos de educação e escolarização. A escola especializa-se: religiosa ou laica, primária ou secundária, academia ou colégio. Em muitas sociedades, haja vista a sua importância, a escola torna-se obrigatória; em outras, a conquista pela escolarização vai se dar muito tardiamente.

Com a transformação das sociedades, a escola modifica-se, não se limitando a sua função conservadora. A escola, também, é uma instituição que aprende. Com a complexificação das sociedades, a escola moderna passa a cumprir a função de educar o cidadão. A vida pública, numa sociedade democrática, se faz pelos mesmos direitos para todos. Portanto, a escola será perpassada por interesses diversos e marcada por contradições. Numa sociedade organizada em classes sociais, graves conflitos dar-se-ão no seu interior. Nesse processo complexo se tecem, de forma aberta ou dissimulada, as negociações, as resistências, as reações, as lutas e a autonomia dos sujeitos. Desse modo, vale salientar que a escola pode exercer outras funções, não se limitando à reprodução social, mas como instituição que se faz pela construção de ideias, representações, e a própria transmissão do conhecimento produz saberes, fruto do enfrentamento e das contraditórias relações sociais, não se restringindo ao contexto da sociedade em que a escola está inserida. Neste sentido, o desafio que se coloca para a educação é o de intervir no mundo, transformando-o pelo diálogo. Quando a minha ação firma-se no diálogo, afirma-se a democracia. Compreende-se, portanto, que o papel do professor é o de mediador das relações, da aprendizagem e do conhecimento.

Nesse sentido, um tipo de saber tornou-se hegemônico ao longo da modernidade, através de sua experiência adquiriu sua legitimidade. Atualmente a sociedade em que vivemos é produto deste modelo de hegemonia, centrada neste modelo de saber, que tem a sua validade na racionalidade técnico-instrumental. Ou seja, na perspectiva do iluminismo, o saber que poderia libertar a humanidade do jugo de todas as formas de opressão é transformado no conjunto das relações capitalistas, e a consequência disso foi o aperfeiçoamento das formas de dominação. Na sociedade atual, em que vivemos, a ciência é manipulada de tal forma que se encontra limitada por um saber, um saber tecnológico que explora a natureza e a utiliza como bem entender. Esse saber tem referência na experiência, na ação e na prática. A configuração dessa determinação caracteriza o projeto civilizatório da sociedade atual, em que um tipo específico de racionalidade, a racionalidade técnico-científica, passa a dominar todas as esferas da vida humana.

Esse projeto civilizatório tem como finalidade a acumulação de riquezas e a valorização do capital. Assistimos à desregulamentação da economia internacional, em que todo o sistema financeiro torna-se refém das leis de mercado. O mercado passa a determinar os destinos da humanidade, coincidindo no momento em que temos o enfraquecimento dos Estados nacionais. Se o que vale são as leis do mercado, as leis que regem os diferentes Estados-nação são completamente desconsideradas. Contraditoriamente, nesse contexto, as comunicações revolucionaram o mundo em ligações estratégicas de redes, possibilitando formas de consulta e a institucionalização de decisões para o fortalecimento da democracia. Mas o que vemos é o completo desrespeito aos cidadãos, pois desconsideram, nas diversas decisões, populações de países inteiros.

A globalização em que vivemos se caracteriza pela determinação capitalista, originando uma nova conformação entre a utilização das novas tecnologias com o sistema de produção global e o capital financeiro, temos com esta combinação o neoliberalismo.

Nascido no pós-guerra, o neoliberalismo caracteriza-se por ter o mercado como centro de todas as relações. Daí que, para cumprir os seus fins, se faz necessário a liberalização da economia. Portanto, a necessidade da desregulamentação financeira e bancária dos mercados. A privatização e a internacionalização da economia com a formação de megaempreendimentos fazem parte da organização peculiar formada pelo neoliberalismo. O mercado se autodetermina pelas suas regras próprias, constituindo-se num movimento autônomo, centrado na mobilização e na produção de capitais que circundam o mundo em busca dos melhores locais para a sua valorização. Isso implica que qualquer decisão envolve milhões de dólares, de tal forma que um simples abalo no mercado internacional pode destruir qualquer economia nacional.

Considerando que vivemos na era da sociedade do conhecimento, marcada pelo foco na informação, a escola é desafiada por estas novas circunstâncias. A sociedade contemporânea tem na aprendizagem a dinamização das relações sociais em esfera global. As mudanças sociais levaram a efeito uma crise de paradigmas, inclusive com sérias repercussões na educação e particularmente na escola. A primeira conclusão se faz reconhecer que o processo de aprender não ocorre apenas na escola. Mas a escola passará por importantes transformações que repercutem no seu interior. A escola está destinada a formar o cidadão para esta nova sociedade, considerando-se as exigências do novo tempo. Portanto, há necessidade de promover reformas nos sistemas educativos.

A partir dos anos de 1990, as imposições dos organismos internacionais passaram a exigir dos países emergentes em desenvolvimento, entre eles o Brasil, um programa de educação para expandir a escolarização em que as mudanças deveriam ser promovidas inaugurando um ciclo de reformas, considerando os padrões da gestão empresarial e o mundo do trabalho como modelo. Basta observarmos o registro dos movimentos articulados a partir do início da década de 1990.

No contexto internacional temos:

• Educação para todos – Jontiem, 1990;

• Educação ao longo da vida – Dakar, 2000;

• Relatório Jacques Delors – Unesco;

• Sete saberes necessários para a educação no futuro – Edgar Morin.

Esses movimentos vieram influenciar fortemente a reforma do ensino em curso no Brasil. Desse modo, temos, no início dos anos 1990, a estruturação de um novo modelo de planejamento da gestão educacional e pedagógico orientado pelos seguintes documentos:

• Plano Decenal de Educação para Todos – 1993;

- Conferência Nacional de Educação – 1994;
- Nova LDB – Lei n. 9.394/96;
- Lei do Fundef – Lei n. 9.424/96[1];
- Plano Nacional de Educação – 2001;
- Edição dos Parâmetros Curriculares Nacionais;
- Diretrizes Curriculares Nacionais – 1997.

Para fundamentação desta proposta, de reforma do sistema de ensino, elegeu-se a pedagogia das competências. Surgida das discussões sobre a qualificação dos trabalhadores na França, considerando a superação do modelo industrial e o questionamento ao taylorismo, como crítica à racionalidade mecanicista. A categoria da competência foi sistematizada a partir das experiências desenvolvidas no meio empresarial, como tentativa de pontuar o fazer na organização produtiva, sendo consideradas as demandas das novas tecnologias aplicadas aos sistemas produtivos. A concepção de competência e habilidade prioriza a formação humana a partir da prática, na qual o importante reside no aprender a fazer. A base de fundamentação deste novo modelo não está muito clara, por vezes os discur-

---

1. O Fundo de Manutenção e Desenvolvimento do Ensino Fundamental e de Valorização do Magistério – Fundef – foi instituído pela Emenda Constitucional n. 14, de 12 de setembro de 1996, e regulamentado pela Lei n. 9.424, de 24 de dezembro de 1996, e pelo Decreto n. 2.264, de 27 de junho de 1997, que alterou a Constituição Federal e determinou que a partir de 1997 seria obrigatório a aplicação de 25% dos recursos resultantes da receita de impostos e transferência na educação, sendo que não menos de 60% deveriam ser destinados ao Ensino Fundamental. Foi implantado em 1º de janeiro de 1998. O Fundef é uma Lei contábil e determina que cada Estado da Federação e o Distrito Federal devem aplicar tais recursos exclusivamente na manutenção e desenvolvimento do Ensino Fundamental público e na valorização do seu magistério.

sos vinculam-se na defesa de um conjunto de prescrições e outras apontam a possibilidade de um discurso emancipador. A questão de fundo trata de compreender como esse saber, produto da pedagogia das competências, foi influenciado ou está influenciando as novas determinações do capitalismo no mundo do trabalho, ou seja, como as novas qualificações serão determinadas por esse conjunto de normas e como a escola vai se adequar ou se rebelar como instituição responsável pela formação humana.

Nesta perspectiva, estamos diante de mais um modismo? Agora o da centralidade na formação por competências? Como responder a estes desafios? Daí a necessidade de se fundamentar uma crítica e aprofundar os argumentos contra a racionalidade instrumental, tendência hegemônica na ciência moderna e ao positivismo. O questionamento a estas posições faz emergir um novo formato de racionalidade, que denomino de racionalidade pedagógica: uma nova epistemologia sobre os saberes dos docentes.

Assim, não podemos limitar a formação dos profissionais às necessidades do mercado, mas às demandas sociais. Não se pode limitar a formação em nível técnico, ou simplesmente reduzir ao técnico a formação do especialista. A crise no profissionalismo, que abrange várias profissões, inclusive a do professor, tem a sua base na crise da própria ciência.

O que se entende por competência e por habilidades? Competência é a capacidade de mobilização de recursos cognitivos, afetivos e emocionais que ocorre numa situação determinada, situada e que se manifesta em situações reais, imprevisíveis, inusitadas e contingentes.

Por isso, esta se presta para a tomada de decisões. Habilidades referem-se ao domínio do fazer com eficiência. Adquirem-se habilidades em situações artificiais, por exemplo, no laboratório ou por meio de simulações.

Poderíamos perguntar: qual a repercussão deste modelo de formação profissional para a formação de professores? Daí surge a discussão sobre a profissionalização docente. Ou melhor, o que se entende por profissionalização docente? Esse debate é parte das repercussões do conteúdo da reforma do ensino, hoje, no Brasil. Portanto, significa formar o professor como profissional, reconhecendo a especificidade de um saber que lhe é próprio e passivo de avaliação. Por isso, que fique clara a necessidade da certificação. Em breve não basta a universitarização da formação do professor, mas a avaliação por meio de exame periódico de certificação para atestar a competência de ser professor.

O projeto de formação por competências possui uma intencionalidade: formar profissionais versáteis, adaptáveis e flexíveis conforme as necessidades do mercado. As competências são prescrições, ou mesmo normas destinadas ao saber-fazer, funcionando muito mais como uma taxionomia. O desenvolvimento por competências limita-se à técnica, correndo sérios riscos de se destinar a uma abordagem cognitivista. Essa postura não revela a dimensão subjetiva da ação docente.

A nova epistemologia do saber docente faz um contraponto crítico ao modelo de formação por competências. Valoriza a prática como momento de construção de conhecimentos e saberes, que emergem no próprio trabalho. Daí a formação fundamentada na construção de saberes, pois os saberes abrangem conhecimentos, competências, habilidades, talentos. Na sua essência o saber dos professores é um saber plural e sincrético. Faz-se no exercício da profissão docente: o professor não se limita a aplicar teorias ou técnicas de ensino, mas o trabalho exige do professor a criatividade, a experiência, a paciência, a vivência e o tempo. O docente amadurece o professor pela própria atividade de ser professor, fazendo-se professor no cotidiano da ação docente. O professor toma suas decisões apoiando-se em conhecimentos nos processos de aprendizagem, nos conhecimentos pedagógicos da gestão da classe. A relação teoria e prática é redefinida, a partir de uma racionalidade da prática. Assim temos a marca da cultura na rotina da lida docente. O professor é um permanente aprendiz, tornando-se professor pelas suas crenças, representação e até pelos seus hábitos.

A escola do futuro se faz hoje. Num mundo globalizado, em permanente mudança, contextualizando-a como instituição estratégica, com uma identidade, desenvolvendo-se como projeto coletivo, de atores e sujeitos: uma comunidade de aprendizagem. Os desafios diante das pressões do neoliberalismo são imensos, mas a escola como instituição emancipadora deve-se afirmar como espaço de rebeldia.

2 / Saberes docentes e autonomia dos professores

Ensinar é uma arte. O pressuposto desta afirmação encontra-se no trabalho de profissionais em que suas práticas são aprendidas pela capacidade de "conhecer-na-ação" pelo processo singular de "reflexão-na-ação". Assim é a arte de ser professor: na prática é que o professor se faz docente pela intuição, criatividade e improviso. Desse modo, o conhecimento dos professores é gerado a partir da sua prática, no cotidiano da sala de aula. Por isso, um conhecimento tácito, que se faz por um conjunto de possibilidades espontâneas, que emerge da sensibilidade do docente mobilizada em ação. Simultaneamente o conhecimento docente mobilizado na ação também se faz pela reflexão-na-ação quase de forma intuitiva, pois o conteúdo que caracteriza a prática docente se faz pela reinteração permanente das situações em que se defronta o professor no seu dia a dia. O professor é desafiado a todo momento a uma tomada de decisão coerente, frente aos que se repetem cotidianamente no interior da sala de aula (cf. SHÖN, 2000).

Assim se geram, pela experiência da prática, crenças que alimentam um repertório de possibilidades, às quais se lança mão quando necessário: técnicas, metodologias, métodos, ou mesmo modelos didáticos. O professor acumula um conhecimento que lhe é singular, próprio do seu domínio e da sua perspicácia em aprender com as diferentes situações bem-sucedidas para utilizá-las como ferramenta na imediaticidade da tomada da sua decisão diante dos problemas que lhes são colocados. Nesse sentido, o professor recria pela sua prática, refazendo, reestruturando, reelaborando e discernindo as respostas às questões da sala de aula, tomando decisão no momento da ação.

Sobre a ação: antropologia cognitiva e ação situada

A análise que apresentarei a seguir se fundamenta na antropologia cognitiva. A antropologia cognitiva é uma parte da antropologia cultural. Assim, a reflexão sobre o conteúdo da ação se põe a partir do curso da ação, no qual se busca compreender de forma consciente a ação humana no trabalho.

É significativo compreender a relação do indivíduo ou do grupo numa situação contextualizada. Passa-se a tomar a ação como o comportamento manifestado e guiado de forma consciencial pela cognição. Através da cognição se dá à mediação a ação do indivíduo e as estruturas sociais.

O conteúdo da ação é definido considerando a estrutura cognitiva dos indivíduos no seu comportamento consciente guiado, planejado e submetido ao controle social. Busca-se compreender a ação humana, a partir da aceitação dos sistemas particulares da cultura em que o indivíduo encontra-se inserido, focando a importância do significado social do comportamento humano. Tenta-se captar a ação humana na sua perspectiva dinâmica, ou seja, teorizar a ação humana enquanto processo cognitivo, situado e culturalmente contextualizado. Essa interpretação gera uma leitura da ação e da cultura, como uma teoria da ação cognitiva (cf. THEUREAU, 1992).

Entende-se a atividade humana como atividade complexa, captando a naturalidade do agir humano e interpretando a interlocução entre o sujeito e o contexto social na sua forma de comunicação. Busca-se pelas representações culturais a simbologia que se faz socialmente pelas relações humanas e as suas características de viver em sociedade. O professor ensina utilizando-se de ação simbólica (cf. THERRIEN & LOYOLA, 2001: 143-160).

O olhar sobre a ação humana tem sua óptica privilegiada a partir do trabalho, na sua forma eminentemente humana. Os professores, como trabalhadores "práticos", situam-se como atores privilegiados deste processo de análise da ação situada. Destaco que logo se percebe a atividade e a situação, ambas irredutíveis.

No fazer da ação docente, o professor, ao agir, encontra-se marcado por um contexto, no qual ele atua na prática de ser professor. Nesse sentido, o professor lança mão do seu domínio cognitivo, e pela reflexão da sua prática, como sujeito autopoético, refaz o curso da sua ação. Aí se faz propriamente uma epistemologia da prática docente.

O professor, no curso da sua ação profissional, produz sentidos no contexto cultural em que se encontram inseridos os sujeitos da ação educativa: professores e alunos. Assim, a produção de significados é fruto da subjetividade do professor que atua na sua ação como docente. Os saberes do professor são definidos pelo campo cultural, próprio da educação escolar em permanente construção. Os saberes docentes encontram-se profundamente vinculados ao mundo cultural (BRUNER, 2002). A atividade do professor é compartilhada com outros sujeitos e mediada pelo diálogo. Mas, segundo Bruner, não se pode esquecer que a atividade reflexiva prescinde da mente. Por isso, deve-se entender como a mente cria e atribui significados. O complexo espaço entre mente e cultura compõe o campo da cognição. Cultura e diálogo constituem os ingredientes na construção dos saberes docentes.

Nesta perspectiva da ação situada e cognição situada, estas constituem-se como categorias de análise do trabalho docente, estruturadas sob uma mesma concepção comum de aprendizagem.

Por uma epistemologia da prática

O conhecimento docente é um saber complexo, sincrético, heterogêneo, temporal e plural. Pela capacidade e sensibilidade do professor, que se funda na experiência, esses saberes se gestam na prática reflexiva do docente.

O conhecimento docente, segundo Tardif (2002), se compõe pelas caracterizações a seguir:

a) Saberes disciplinares: conteúdo das disciplinas;

b) Saberes curriculares: conteúdo dos programas escolares;

c) Os saberes pedagógicos: baseados nas didáticas, nas metodologias e em técnicas pedagógicas, aprendidos na formação inicial;

d) Os saberes experienciais: fruto da experiência e da prática cotidiana do docente e do seu trabalho como professor na interação com os alunos, na gestão da classe.

O domínio desse saber, aplicado ao trabalho docente, forja a pedagogia como um campo do ponto de vista científico, em que se radica uma racionalidade que lhe é própria. O docente, como sujeito do conhecimento, é mediador pelo diálogo da relação entre ele, o educando e o saber de formação ali postos em interação.

Segundo Habermas (2004: 99-109), a racionalidade é a expressão da atitude reflexiva do sujeito, na qual se exige a capacidade de se compreender o outro pelo ato da comunicação, ou seja, a racionalidade é a capacidade do sujeito de plena responsabilidade do que se pensa, diz e faz. Essa capacidade se amalgama com as estruturas racionais centrais do saber e da atividade seja atividade teleológica, seja atividade comunicativa.

A epistemologia é a atitude reflexiva do sujeito cognoscente diante das suas ações e das relações que se estabelecem a partir das ações reguladas por normas – autorrelação moral –, prática do sujeito, ou de ações em que os sujeitos se estabelecem com o seu projeto de vida próprio e suas relações com outros sujeitos – a autorrelação existencial. Aqui consiste na possibilidade da liberdade pela capacidade do sujeito de se distanciar de si mesmo e dos seus pronunciamentos.

O conteúdo da ação docente deve ser entendido como o trabalho docente, compreendido na sua expressão fundamental enquanto práxis: o trabalho docente se faz pela ação mediada pela reflexão dessa prática, a partir da dimensão intersubjetiva e dialógica dos sujeitos. O diálogo que se estabelece entre sujeitos é situado num contexto próprio que marca a relação entre estes, estabelecida pela interação comunicativa. O sentido gerado pela comunicação entre aluno e professor, num processo dialógico de trocas, sugere uma reconceptualização sobre reflexão epistemológica que daí se coloca. Assim, a prática docente deve ser revista como produtora de um conhecimento que lhe é próprio, gerando uma racionalidade específica como produtora de conhecimento. O docente, pelo diálogo na gestão da classe, contextualizada no ambiente educativo, promove a elaboração de saberes que se fazem pela sua dimensão emancipadora, fruto de uma racionalidade pedagógica. A natureza do conhecimento gerado na prática docente rompe a lógica da racionalidade instrumental. A razão instrumental caracteriza-se por um tipo de razão, que domina e submete tudo – seja na vida pessoal ou coletiva, atrofiando a racionalidade normativa, pela qual o ser humano fundamenta o juízo das suas atividades e ações.

Portanto, a racionalidade pedagógica se contrapõe à hegemonia da racionalidade técnico-instrumental, que tem seu *locus* constituído pelos vínculos gerados entre ciência moderna, técnica moderna e economia capitalista (cf. OLIVEIRA, 2001: 291-313). Neste sentido, os saberes, gestados na prática docente pela sua dimensão transformadora, têm a sua legitimação pela afirmação da racionalidade normativa, validando a ação docente no seu sentido ético, diante do profundo respeito ao outro como ser humano.

O humano é o objeto da profissionalidade docente. Ao lidar com o ser humano, o professor desenvolve uma sensibilidade de profunda compreensão do outro. O professor, na sua tarefa de ser docente, constrói a própria humanidade, visto que o processo da sua prática se dá pela efetividade da liberdade, na sua imediaticidade da tomada de decisão, ao agir na urgência e decidir na incerteza (cf. PERRENOUD, 2001), na sua ação/decisão revela a efetividade do humano. A emancipação torna-se exigência como arte na conquista do outro pelo diálogo, respeitando-se mutuamente pela autenticidade, na sua pluralidade. Destaca-se o saber docente como ético.

O docente age e, ao agir, elabora saberes produzidos pela sua prática. A epistemologia da prática docente é o reconhecimento do conhecimento docente como autoconhecimento.

Os saberes docentes guardam uma ambiguidade que coloca como foco duas abordagens: o desenvolvimento das competências e a epistemologia da prática docente.

Para ilustrar a ambiguidade da relação do saber na profissão de professor, tentaremos responder à seguinte questão: as competências profissionais exigem muito mais que saberes ou os saberes exigem muito mais que competências profissionais? Compreende-se a categoria competência como um saber-fazer, mobilizado na ação pela imediaticidade do saber disponível à memória do professor. Nesta concepção, o docente não teria como mobilizar teorias complexas para agir diante das necessidades na prática da sala de aula. Para isso, o sujeito deveria ter um tempo para uma reflexão, o que exigiria horas de raciocínio, relacionando os resultados da reflexão com a situação na prática, quando se sabe que o professor muitas vezes age intuitivamente. Isso exige do professor uma rapidez quase imediata para estabelecer conexões complexas das teorias com a necessidade de responder ao que se coloca no real. A complexidade do conteúdo do trabalho docente permite que possamos afirmar que a ação docente não se pauta apenas pela mobilização de saberes, pois mesmo que, muito bem-fundamentado, o professor sabe que as situações da realidade são muito mais complexas do que as teorias. Daí a ambiguidade que se apresenta na compreensão da ação docente. O risco que se corre com a concepção defendida pelo desenvolvimento de competência é de limitar o conteúdo da prática docente a uma ação estritamente técnica, identificando-a com a racionalidade técnico-instrumental. Na verdade, competência deve ser compreendida no plural, porque o bom desempenho do sujeito encontra-se nos recursos que se mobilizam em ação, sejam cognitivos, afetivos... emocionais. A ação docente ocorre numa situação localizada, manifestada em situações reais, imprevisíveis e inusitadas, ou seja, requer do profissional, para ação imediata, várias competências. Daí a necessidade de se dominar a técnica. Mas se se limita dominar a técnica pela técnica, como modelo rígido e inflexível, tem-se uma visão reducionista, o que leva à compreensão do conceito de competência a uma taxionomia ou uma prescrição limitada ao horizonte da racionalidade instrumental.

Conforme havia destacado a ação humana, enquanto tal, esta se pauta sempre por uma ação reflexiva. O ser humano, ao agir, apresenta consciência da ação manifestada por representações, ideias, valores e crenças.

Por trás de toda a ação se tem um pensamento que consubstancia a prática. A epistemologia da prática docente, dela, é deduzida e organizada. Isso não significa dizer que a prática docente é em si científica. O saber docente se forja pelas crenças de que o professor o internaliza, decorrente das suas experiências, que se faz como um conhecimento tácito, que funciona como teorias implícitas ao que se precisa fazer. O conhecimento, construído nas diferentes situações da vida, constrói o que se denominou de saberes sociais (cf. THERRIEN, 1993: 408-418) e traz consigo o padrão cultural da sociedade. Portanto, o conhecimento sobre o fazer educativo nunca foi privativo unicamente dos professores. Mas pela reflexividade se faz a docência: a reinteração dos saberes é o alicerce da prática profissional dos professores.

A identidade docente se caracteriza pela singular definição do professor como produtor de saberes. Como sujeito epistemológico, o professor, ao realizar a transposição didática, transforma pedagogicamente a matéria. O conteúdo disciplinar, transformado pedagogicamente, não é nem o conteúdo da disciplina em si, nem o conteúdo disciplinar enquanto senso comum, mas pode ser considerado o discurso disciplinar escolar, que é a reconceitualização do senso comum, do saber profissional e do saber acadêmico.

Finalizando, neste ensaio procurou-se explicitar quais os saberes docentes e como estes se constroem, compreendendo a prática docente como práxis, considerando a experiência do professor na sua dimensão social e ética, fundada no diálogo.

O saber-ensinar integra diferentes saberes situados em ação. Desse modo, a formação docente deve privilegiar a formação do professor, como sujeito reflexivo, considerando a prática pedagógica na sua gênese. Os currículos dos cursos de formação devem orientar a formação do professor. Formação esta pautada no desenvolvimento de saberes integrados pela interdisciplinaridade e competências, para a promoção de habilidades essenciais e específicas para a atuação docente.

Pesquisas recentes apontam que os professores desenvolvem, como práticos, uma racionalidade da prática que denominamos de racionalidade pedagógica. Esta racionalidade é base para a sistematização dos saberes pela reflexão da prática em ação situada. Portanto, esta prática pela cognição situada, em que a reflexão do sujeito longe de uma prescrição, efetiva o conteúdo de uma epistemologia da prática elegendo os saberes específicos organizados a partir das experiências docentes.

3 A prática curricular numa visão interinstitucional

A estrutura da abordagem que escolhi para a exposição sobre a prática curricular, numa visão interinstitucional, foi organizada em dois momentos:

1) Inicialmente enfocarei o contexto da sociedade hoje. É o pano de fundo que caracteriza o nosso tempo, ou seja, um breve estudo de cenário.

2) Em seguida, passarei em revista o conceito de universidade e currículo, examinando sob a óptica das teorias crítica e pós-crítica para compreensão de uma visão interinstitucional.

É importante salientar que essa temática é extremamente pertinente, visto as circunstâncias das discussões da Sociologia da Educação como referências para a reflexão do tema proposto. Não podemos esquecer que estamos numa era em que a máquina é substituída pela informação; a fábrica pelo *shopping center*, e o contato das pessoas é definitivamente substituído pela imagem, pelo vídeo. Vivenciamos uma era de incertezas, em que, segundo Habermas, a lógica do mundo vivido, onde se dá as determinações das relações sociais e do simbólico, é colonizada pela racionalidade instrumental dominada pela dimensão sistêmica, sob a complexa determinação do poder e do dinheiro. A colonização do mundo vivido abrange áreas exclusivas da ação comunicativa, como a educação e os processos educativos que permitem a autonomia e a individualização.

A crise em que estamos assentados tem seu itinerário próprio na modernidade.

Mapeando o contexto: uma geografia geral

Gostaria de inicialmente destacar que o privilégio que nós temos de estarmos vivendo neste contexto histórico é único. Adentramos um novo século e esta é a caracterização do novo tempo diante dos desafios que nos são colocados numa era de incertezas.

Como pensar o global quando o modelo de ciência busca a hiperespecialização? Como compreender os grandes problemas que emergem na sociedade global, que toca a todos, se nos limitarmos a uma leitura parcelada, quando o todo é inseparável de suas partes?

Essa problemática não é nova, mas hoje essas questões se agudizam frente à visão disciplinar do conhecimento e das ciências.

O conhecimento na modernidade foi instrumentalizado pelas regras do sistema capitalista. Isso implicou o declínio das "grandes narrativas", das teorias que tentavam explicar o todo, prevalecendo as leituras específicas e cada vez mais especializadas.

Estamos no extremo limítrofe da passagem da sociedade industrial para uma outra dimensão: a sociedade pós-industrial. Afastamo-nos dos princípios que tentavam dar conta da emancipação da humanidade e dirigimo-nos à era da incerteza. Tornamo-nos reféns de um modelo de desenvolvimento centrado na razão instrumental. Temos instalada uma crise sem precedentes na história da humanidade: a sociabilidade capitalista torna o humano um pressuposto negado.

Desse modo, o desafio de articular os saberes, proposto por Edgar Morin, diante do frágil domínio especialista dos saberes que se reproduzem numa expansão do conhecimento humano, é o de repensar a universidade. Assim, cabe-nos a tarefa de reorganizar o pensamento. Organizar os conhecimentos por um novo espírito científico: "[...] ligar, contextualizar e globalizar os saberes até então fragmentados e compartimentados [...]" (MORIN, 2001: 26).

Função social da universidade

A função social da universidade é a socialização do saber, como *locus* específico da produção e transmissão de conhecimento superior da humanidade. A universidade cria e recria a cultura, reinventa saberes, elabora e reelabora o conhecimento, é um território de rupturas.

A universidade constitui-se como espaço de problematização, questionamento e desenvolvimento de práticas, técnicas e tecnologias. Com as exigências da sociedade moderna, a universidade vai desenvolver uma missão de grande importância: a formação de recursos humanos de alto nível. Daí a sua responsabilidade pela profissionalização, requerida pelas necessidades fundamentais da sociedade. Em síntese: a universidade é a consciência crítica de uma sociedade.

Neste sentido, a universidade reflete a sociedade na qual está inserida. Assim, pelo trinômio ensino, pesquisa e extensão temos de forma emblemática as tarefas da universidade para com a sociedade. A universidade, enquanto instituição social, deve enraizar-se capilarizando-se na tessitura das relações sociais. A formação de recursos humanos, a investigação, o desenvolvimento do pensamento para compreensão da complexa realidade e a superação dos problemas que marcam os homens nas suas diferentes realidades. Desse modo, a universidade se insere estrategicamente na comunidade. A validade e o reconhecimento desse trabalho acadêmico se faz na medida em que a relação sociedade/universidade é fortalecida por entendimentos e práticas, falas e discursos, imaginação e narração, encantamento e descoberta que o pensamento científico promove, caracterizando as múltiplas possibilidades de interrogações, respostas e interpretações no horizonte dos movimentos e instituições sociais, dissolvendo, transformando e articulando tempos, espaços e cenários.

A sociedade é a base, o alicerce em que se funda e se expande a universidade na produção e sistematização dos saberes.

Currículo, interdisciplinaridade e interinstitucionalidade

A produção dos saberes se faz na universidade pelas dimensões disciplinar e não disciplinar. Assim, o currículo pode ser compreendido como lugar, espaço e território. O significado da palavra currículo, na sua etimologia, vem do latim *curriculum*, que é o mesmo que "pista de corrida" ou simplesmente "corrida". A contribuição das teorias críticas e pós-críticas nos ajudam a compreender o currículo como saber, poder e identidade (SILVA, 1999: 147). É trajetória, caminho a ser seguido, é rota, é trilha, ou seja, é o que nos tornamos em formação, é a nossa identidade. O currículo congrega experiências, práticas, teorias, conceitos e conteúdos diversos.

O currículo guarda na sua especificidade de que modo o conhecimento pode ser transmitido. Com o acúmulo de conhecimentos produzidos pela humanidade, ficou cada vez mais complexa a compreensão sobre as várias áreas.

Assim, a disciplinarização reflete, hoje, uma completa fragmentação da ciência. Sob esta perspectiva, o saber tornou-se sinônimo de poder. Com a modernidade, o domínio do conhecimento, cada vez mais compartimentalizado, implicou esta divisão no exercício do poder. Portanto, currículo é cartografia, é um mapa de controle do que se ensina e do que se aprende.

Em busca de superar esta fragmentação, as práticas curriculares devem indicar a integralização desses territórios mapeados, tentando superar as fronteiras, estabelecendo novos territórios, no horizonte de possibilidade em torno da unidade dos saberes: a interdisciplinaridade, entendida como intercâmbio e integração de diversas áreas das ciências.

A busca desta unidade na diversidade é levada às últimas consequências na inter-relação teoria e prática. Bem como nos coloca Paulo Freire "pensar a realidade é a forma de pensar certo". Isso nos leva a compreender que a reflexão não se faz pela pura reflexão, nem somente se faz pela ação, mas o conhecimento se forja pela emergência da integração em movimento: ação – reflexão – ação.

A prática da leitura da realidade, que permite o fortalecimento da integração entre teoria e prática, viabiliza uma prática curricular em que a cooperação com as mais variadas instituições é salutar para o estímulo ao processo de autonomização do formando, para o seu amadurecimento profissional e intelectual.

A relação da universidade com a sociedade se faz concretamente na medida em que a articulação teoria e prática é estimulada. O reconhecimento dos saberes é produzido na experiência, na ação, na prática – e pelas instituições parceiras, onde professores-alunos-profissionais se encontram num espaço fora da universidade, seja no campo de estágio, seja na atividade profissional, para à luz das ciências refletirem sobre o exercício profissional, pondo em prática o que é tematizado teoricamente na universidade.

As práticas curriculares devem ser enriquecidas pelos conteúdos curriculares e complementares à formação do aluno. Ou seja, o currículo deve ser flexível para comportar e atender diferentes propostas didático-metodológicas, considerando as peculiaridades, a superação, as competências, as habilidades e as atitudes relevantes à formação técnico-científica e profissional.

Portanto, assim entendido, currículo é vida, e as práticas curriculares se fazem pela relação universidade e sociedade, pelo diálogo universidade e instituição. Assim, renovamos a universidade e reconstruímos o mundo.

4 / A aula e o trabalho docente

A sala de aula, como objeto de pesquisa, tem se constituído em permanente análise no campo da educação, a partir da investigação do trabalho docente em busca de uma nova didática.

No Brasil, a reinvenção da pesquisa sobre a sala de aula, como estudo investigativo, tem se renovado desde os anos de 1990 do século XX, fazendo-se importante temática para discutir o cerne da formação do professor e do trabalho docente. A leitura sobre a sala de aula tem contribuído como subsídio para a definição de referenciais teórico-metodológicos que justificam a possibilidade de inovação seja no âmbito da pesquisa educacional, seja no âmbito da escola. A gestão da classe, a gestão do grupo, a relação professor-aluno, aluno-aluno, faz-se sob uma nova abordagem da observação *in loco* por meio da entrevista estruturada, da história de vida, das anotações de campo, sem se falar do longo contato dos sujeitos – professor e aluno, considerando-se o contexto no qual ambos estão na sua imediaticidade situados. Assim, a etnografia tem viabilizado, a partir das categorias cotidiano e representações sociais, a importância da sala de aula como *locus* privilegiado da relação pedagógica e do processo de ensino e aprendizagem.

Talvez a democratização e a universalização sejam um dos maiores desafios para a modernização da escola neste início de século. Mas a questão do fracasso escolar está longe de potencializar a qualidade da educação e da escola em nosso país. Imensos esforços têm sido mobilizados com projetos, treinamentos e o desenvolvimento de metodologias junto aos professores, mas tudo isso parece insignificante diante das dificuldades de se produzir uma escola para a excelência.

Desse modo, referenciais metodológico-conceituais da pesquisa antropológica têm permitido ampliar a leitura da sala de aula, considerando a sua densidade, complexidade, diversidade e inter-relação dos seus sujeitos – professores, alunos e comunidade; da escola – como instituição social; e da sociedade – em seu conjunto. Portanto, busca-se conhecer a sala de aula como lugar estratégico para se entender as suas relações e os novos saberes que se gestam como pressupostos do trabalho em aula.

A partir do referencial e das pesquisas desenvolvidas no final dos anos de 1960 e início dos anos de 1970, em investigação denominada análise de interação, tem sido significativas as contribuições da antropologia para a educação. Na metade dos anos de 1980, importantes trabalhos foram desenvolvidos sob a influência de Rockwell e Espeleta, à luz da etnografia. Compreender a educação como cultura, segundo Rockwell, tem levado a duas interpretações, das quais a primeira destaca a etnografia como método de apreensão da realidade, e a segunda considera a visão etnográfica, muito mais, como uma ferramenta descritiva.

A partir dos anos de 1990, a etnografia tem sido muito utilizada para a releitura da prática pedagógica e do trabalho docente, objetivando, pela didática, o cotidiano escolar nas suas inter-relações e interações. Nos últimos dez anos, a preponderância de estudos sobre o cotidiano da escola e particularmente sobre a sala de aula tem evidenciado a interpretação de autores tais como: Pierre Bourdieu, Clifford Geertz, Michel de Certeau e Marc Augé. A partir das contribuições desses autores, passou-se a compreender a cultura como um contexto em que a escola, como instituição social, no seu interior, nas suas representações, vivências, experiências, relações, símbolos e sentidos, criados pelos seus atores, geram saberes como produto da sociabilidade.

A história oral e as narrativas gestam os significados gerados das ações e das representações presentes nas relações dos atores que se movem no cotidiano escolar: professores e alunos. Portanto, tenta-se interpretar densamente, captando os detalhes, na sua intimidade, a identidade do fazer educativo na escola, gerando saberes como sentido de vida, segundo nos diz Brandão (2002: 141): antropologicamente educação é cultura. Mas é cultura no sentido humano enquanto trabalho educativo.

A aula

A aula é um momento mágico. Nela, o professor transforma pedagogicamente pelos processos cognoscentes, na sua ação prática, a matéria enquanto conteúdo a ser comunicado. Desse modo, pela transposição didática, o professor, na sua ação como prático, ao agir na sala de aula, proferindo pelo diálogo com os alunos o conteúdo a ser lecionado, o ato em si na sua imediaticidade prática, não é científico. A sua atuação pode ser definida por uma ação pragmática comunicativa. O professor comunica a matéria que pode se tratar de um conteúdo científico ou não, mas a sua ação em si limita-se a uma atitude dialógica.

O trabalho docente é complexo, interativo e prático. Define-se na sua concretude pelas relações que se estabelecem de forma dialógica e comunicativa entre sujeitos – professor e aluno – em torno do processo de ensinagem e aprendizagem.

Portanto, é processo interpessoal e intersubjetivo, pois as relações que se estabelecem entre professor e aluno são síncreses e sínteses que se constroem na vivência de troca de experiências, de confrontos, conflitos e de reciprocidades. Esse mister que se faz pela relação entre professor, conhecimento e aluno, mediada pelo diálogo numa interação de subjetividades em que se forjam sentidos, identidades, crenças, afetividades e, por que não dizer, sentimento de comunidade. Nesse sentido, as relações entre os homens e seus semelhantes é uma relação pedagógica: a convivência entre pessoas constitui a dinâmica social, a partir da qual a cooperação, a colaboração e o respeito mútuo entre os seres humanos permitem que se compartilhe, na finitude, a humanidade na sua infinitude.

Daí se compreender que na aula não se realiza o processo de ensinagem se o outro não estiver aberto para aprender. O ato de conhecer exige uma postura ativa. Logo, entende-se que não se "assiste" à aula no caso do aluno ou não se "dão" aulas na perspectiva do professor. A aula se faz, marcada por um contexto, situada por determinadas circunstâncias, nas quais o saber e o conhecimento se constroem coletivamente no exercício de fazer a aula.

A sala de aula

A sala de aula caracteriza-se por ser o lugar da profissionalidade docente. É, neste local, onde se dá o trabalho docente, o seu sentido *stricto*, no qual se reúnem professores e alunos. É na sala de aula que ocorre a prática pedagógica em si, onde o professor se faz professor, onde se faz o ser docente de forma específica.

A sala de aula é o território em que se demarca o campo privilegiado da prática docente. É a referência física, ou propriamente a área física e situacional do exercício profissional do professor na sua atividade clássica do ensino: a aula.

Neste lugar ocorre a valorização do trabalho do docente, o seu reconhecimento de professor passa pelo fazer a aula na sala de aula. Nela se forja a gênese de uma pedagogia da prática na ação docente permanente. É sala de aula que se consubstancia como espaço de sentido, caracterizado pela aula. Como nos diz Marc Augé, a sala de aula é por definição um lugar antropológico. Nela se encarnam princípios de sentido e inteligibilidade. Os sentidos se geram na medida em que se faz a relação professor-aluno, aluno-aluno, aluno-professor. A simultaneidade destas relações se articula com a própria inteligibilidade: relações se efetivam no contexto da sala de aula. Portanto, espaço de identidade. Guarda-se, pela especificidade do saber-fazer docente, o conteúdo do sujeito, seja o professor, seja o aluno. Outra categoria que contribui para a compreensão da sala de aula como lugar é sua dimensão relacional, onde se concretizam trocas, intercâmbios e aprendizagens entre os atores que lá se colocam. Assim, pode-se revelar que a sala de aula é um lugar histórico, nela se pautam as singularidades humanas e se constroem as diversas pluralidades, ou melhor, as multipluralidades dos que ali habitam.

Habita-se a sala de aula como lugar de passagem. Na sala de aula passa-se a infância, a adolescência, a juventude, a idade adulta e a maturidade. Vivem-se as recordações da escola, projetadas na mente, que guarda na memória os ritos que desaparecem com o passado. Passa-se do desconhecido ao conhecido. Itinerários de vidas se cruzam pelos quatro cantos da sala de aula. A linha da vida se traça pela espacialidade limítrofe da sala de aula.

A sala de aula é lugar imaginário. Lugar onde se tece a elaboração do eu e do outro. É contexto de vivências, de tempos e de movimentos. Lugar da iniciação. Lugar de calendário – o calendário letivo. Lugar de festa, de frustrações, de paz, de tempo, de realização. Lugar-corpo – o corpo da escola. De birô, de carteiras, de estante. Lugar-instante – de práticas e saberes. Lugar de recordações: das amizades, das paixões, dos amores... a sala de aula é um lugar-caminho. Porque é um espaço existencial. A sala de aula é um lugar de transformações. É um lugar simbólico. É um lugar abstrato. Quando o professor ou os alunos dizem "da minha" sala de aula referem-se ao espaço como "meu", referindo-se a um pertencimento simbólico.

Essa polifonia de possibilidades, além de outras tantas, constitui a representação da sala de aula. Na medida em que a sala de aula é um lugar-passagem, um lugar de trânsito, um lugar de travessia, nela se forja um não lugar, cujas identidades dos sujeitos são distribuídas. Para além das fronteiras da sala de aula, o aluno só é definitivamente reconhecido a partir da chamada. A sala de aula torna-se não lugar na medida em que a sua caracterização é marcada pelo efêmero, pelo fugaz e pelo contingente. E a sala de aula caracteriza-se, também, logo que se toma a sua dimensão de uso. Ou seja, a sala de aula como não lugar é distinguida quando abriga um grupo-retirante. Neste sentido, os professores e alunos são passageiros do tempo, da hora/aula, da sineta que marca, ao soar, a passagem para um novo momento, marcando o movimento do cotidiano escolar, na mudança de aula. Fica-se na sala de aula por volta de quatro horas. Quando se pergunta aos alunos sobre a escola, é comum, nos seus depoimentos, o registro de que se gosta da escola, mas que da sala de aula se tem aversão. Em parte isso se deve à forma como os professores conduzem as suas aulas. Assim, a sala de aula é lugar de disciplina. Lá não se brinca. Desse modo, vê-se que a dimensão lúdica e o prazer são banidos da sala de aula. A sala de aula passa a configurar-se como lugar-vigiado. Quando não se consegue encantar os alunos, a sala de aula carrega consigo uma marca de barbárie e tédio. Na sala de aula, como lugar-situação, deve-se permitir trocas. Se o professor não tem desenvolvido a sua sensibilidade para se fazer presente a situações embaraçosas, nas quais se colocam dilemas e incertezas para tomada de decisão, a sala de aula transforma-se em lugar-silêncio. Perdendo-se a dimensão interlocutiva dos sujeitos em aula-professor e alunos – na tecitura dos acontecimentos, o professor deve discernir pela opção que contribua para afirmar a sua ação como ato pedagógico em construção de saberes.

Cabe ao professor observar em volta e perceber que o mundo está mudando muito rapidamente e que suas atitudes devem levar os alunos a uma permanente mobilização para aprenderem coisas novas.

O fato de a sala de aula existir como lugar de aprendizagem não significa que a tarefa da educação escolar deve se limitar a quatro paredes. Para onde o mundo está mudando? Esta é a pergunta que deve ser feita pelos professores que desejem superar com seriedade a crise em que se encontra a educação e o ensino, e situam as suas rotas de trabalho considerando as trilhas para o fazer de novos caminhos. Isso implica uma mudança de mentalidade diante da desafiadora realidade em que nos encontramos.

A prática pedagógica e as crenças dos professores

Hoje nada garante o sucesso do trabalho docente se os professores não superarem as suas crenças e se dedicarem ao fazer pedagógico que leve o aluno a experimentar um outro comportamento diante dos objetos de ensino. As crenças são faculdades que os docentes internalizam antes mesmo de se tornarem professores, ainda como alunos. São de caráter pessoal, emocional e se articulam como um sistema hierárquico de filtragem sobre o que é verdadeiro no ensinar e no aprender. As crenças se consolidam com o tempo, na medida em que as experiências se cristalizam de forma exitosa. Portanto, o professor, ao assumir a docência, traz consigo elementos condicionantes que interferem na sua prática. Logo, compreende-se que existe implícita na docência uma dimensão tácita da ação pedagógica. Por vezes, quando se pergunta aos professores por que adotaram este ou aquele "modelo de professor", ou por que diante de determinadas situações agiram desta ou de outra forma, a resposta está diretamente relacionada ao "sistema de crenças": os professores adotam "modelos" que creem "verdadeiros" e seus papéis são espelhados em antigos professores. É difícil alterar o "sistema de crenças" interiorizado pelo tempo. Por isso é muito difícil alterar o conteúdo da prática pedagógica nos docentes: aquilo que se realiza com êxito tende a ser reproduzido, fixado e repetido constantemente no cotidiano escolar.

Modificar a ação docente requer compreender o "sistema de crenças" dos professores e propor vivências que lhe permitam a sensibilização para transformarem, por meio de vivências, dinâmicas e experiências de vida que conscientizem a necessidade de se autossuperarem no saber-fazer pedagógico e no domínio dos conteúdos das disciplinas, objeto da docência que lecionam.

Desse modo, cabe questionar qual é a natureza da docência? Qual o sentido educativo das nossas práticas como professores? Qual o compromisso com a qualidade do trabalho docente e a aprendizagem dos alunos? E qual a melhoria do ensino?

A autorreflexão sobre a ação docente possibilita a análise das convicções profissionais dos professores. Assim, define-se pela prática de ensino a identidade docente, construída pelas finalidades educativas e pela autonomia profissional. Portanto, a autonomia se faz num contexto de relações, de contradições de tensão e de crítica sobre nós mesmos como docentes, nos outros e nas relações com que estabelecemos uns com os outros.

5 / Da relação família-escola: revendo vínculos e reciprocidade

A questão da relação família-escola é de fato uma temática de difícil articulação, considerando a dinâmica e as exigências objetivas que são colocadas para a compreensão das nuanças provocadas por este tema. Isso nos faz observar sua dimensão de caráter pragmático. O campo do debate que envolve esta discussão é por demais heterogêneo, e envolve concepções e definições instáveis, visto que, por meio das leituras que se faz para explicar este fenômeno, é plural, não cabendo uma única posição.

Neste sentido, vale explicitar que a discussão é complexa pelo seu caráter transdisciplinar, por conter transquestões: ou melhor, são tematizações que ultrapassam os limites da escola e da família como instituição social e se põem para além da problemática de uma só disciplina, ora sejam a pedagogia e a psicologia, ora sejam a psicopedagogia e a sociologia.

Desse modo, esclareço que, sob o ponto de vista conceitual, precisamos ter clareza metodológica para nos guiar por caminhos tão incertos. Mas é bom lembrar que vivemos a era da incerteza, e nada mais certo na vida humana, no mundo hoje, senão o incerto. Temos que considerar, para não cairmos em equívocos, que é importante precisar a especificidade da abordagem com que se trata esta relação.

Tanto pais quanto professores se situam como sujeitos diante dos desafios para a educação de crianças e jovens. Existe um saber comum, fruto da dimensão cultural, que se estabelece como saberes gestados no cotidiano das famílias, pela errância dos pais, provocadas pela experiência da própria vida. Nascemos numa família que nos educa com princípios, valores e sonhos, impõem-nos comportamentos e nos moldam como pessoa. Os elementos simbólicos são extremamente significativos, falam mais, dizem forte sobre o quanto fica das marcas das representações que construímos com e sob a influência da família.

Na escola, as questões que movem o saber dos professores estão na base das suas interpretações e entendimentos destes sobre a família. Talvez os professores tenham elaborado não propriamente um saber, mas concepções sobre o cotidiano ou representações apreendidas nas situações espontâneas, enfim, crenças, fruto de uma razão prática. Muitas das questões que surgem no interior da escola se situam na aparência desta relação, não guardam a profundidade necessária para uma abordagem profissional de orientação aos problemas oriundos da família e das suas repercussões no interior da sala de aula.

Um olhar sobre a família na sociedade contemporânea

A transformação por que passou a sociedade, nos últimos anos, provocou uma completa mudança no conceito de família. Assim, o modelo de família tradicional – pai, mãe e filhos – praticamente caiu no desuso, visto que o crescimento das relações instáveis promoveram uma gradual modificação na estrutura da família nuclear-tradicional. Atualmente os modelos familiares são tão diferentes e diversos que não podemos reduzir o conceito de família baseado apenas neste paradigma. Para sermos fiéis à realidade, devemo-nos ater às circunstâncias da realidade que nos cerca e, vislumbrando a realidade enquanto tal, perceber os detalhes e os tipos de organizações familiares e reelaborarmos nossa compreensão, a partir das categorias nativas, para que o nosso olhar possa enxergar esta instituição social.

Portanto, compreende-se tradicionalmente por família um agrupamento de pessoas ligadas por laços de parentesco e consanguinidade. Para além deste conceito de família, poderíamos entendê-la no seu sentido amplo, ou seja, família seria uma rede de pessoas vinculadas por um grau de parentesco. Neste sentido o conceito de família, entendido como rede, guarda em si uma amplitude imensa. Para compreendê-la num sentido restrito, podemos definir família como um agrupamento de pessoas que trocam relações na forma de uma rede de significados, predominando um certo grau de parentesco e consanguinidade, de acordo com o tipo de arranjo familiar, marcado pela reciprocidade.

Quanto a sua estrutura os arranjos familiares são diferentes do modelo tradicional de família – pai, mãe e filho(s), de caráter universal e natural, também, denominada de família nuclear moderna. Nascemos, por assim dizer, numa família. Os nossos mais ternos laços de socialização se iniciam na família, a partir daí se fazem todos os contatos com o mundo, interagindo com os parentes, isso faz dos seres humanos pessoas com uma marca profunda, com um *habitus* próprio: valores, representações e sentidos. Segundo Bourdieu, ao se fazer referência à família como imaginário social, ela é mostrada como uma ficção bem-fundamentada, ou seja, a família é fortalecida em agrupamento de pessoas que se consolida num longo processo social, por um *habitus* familiar característico de uma aura que se impõe e transcende.

Considerando o atual conceito de família como arranjos familiares, em outros termos, poderíamos dizer que o conceito de família seria uma aproximação entre o que tradicionalmente se compreende como família e a tentativa de se entender o que realmente ela é na realidade, diante de tantos tipos constitutivos de agrupamentos.

Esses arranjos familiares constituem-se como agrupamentos construídos como redes de sociabilidade, definida a partir de laços de solidariedade, que se fortalecem como táticas do cotidiano, ou melhor, práticas inventivas do cotidiano, como nos ensina Certeau. As relações dos parentes entre si guardam no interior da família fortes laços de permutação, na qual os papéis e espaços podem ganhar configurações distintas.

A crise por que passa a sociedade capitalista influencia fortemente a família, fazendo com que esta se reestruture, adaptando-se, exigindo que as pessoas se adaptem a novas necessidades. Assim, surgem "novos modelos e configurações" familiares. Vejamos, por exemplo, os arranjos familiares identificados como fenômenos sociais refeitos por novas necessidades características do nosso tempo. São os modelos distintos do padrão da família nuclear tradicional denominados de coalizão, aglomerados familiares, família grupal, família multinucleada e a grande família. Todos os conceitos de família, anteriormente referidos, são modelos de família de novo tipo, são feitos como arranjos familiares, que se caracterizam a partir de uma situação de crise da sociedade contemporânea.

O limite da sobrevivência forja outras formas de articulação dos laços de individualidade, num determinado espaço, exigindo novas determinações de papéis e novas funções, fazendo emergir uma nova sociabilidade no interior da família. Esses modelos são conceitos focados a partir de diferentes olhares dos pesquisadores, que investigam os novos contornos sociais. Como os próprios nomes sugerem uma marca determinante deste conjunto de relações sociais – os arranjos familiares, estes rompem a estrutura da família conjugal tradicional, a da dimensão nuclear.

Percebeu-se, com os novos estudos, que, diante das circunstâncias atuais, provocadas pela desorganização dos laços mútuos de afetividade entre os casais, sejam as incongruências das relações sexuais, sejam os rompimentos amorosos, ou mesmo as impossibilidades da vida cotidiana provocadas por variadas formas de exclusão social, tais como o desemprego, a miséria ou a fome, tudo isso faz com que as pessoas busquem no desespero a condição de viabilizar suas vidas como resgate da dignidade humana. Entretanto com o rompimento do núcleo familiar, surgem outros arranjos. Da negação da existência da família se refaz o conceito de família: a não família. Ou seja, da sobrevivência, diante das difíceis condições socioeconômicas, nasce um novo fenômeno social.

Esses novos modelos de famílias ampliadas, típicos das periferias das grandes metrópoles, originam-se de um conglomerado de pessoas que, por laços familiares, tecem uma rede de solidariedade, de ajuda mútua, dividindo um mesmo espaço, coabitando uma mesma casa. Os laços monoparentais (pai, mãe e filhos) enfraquecidos, associados à busca da sobrevivência, obrigam o rompimento das relações matrilineares. Assim, temos a formação de lares nos quais a presença do pai, como figura central de provedor, já não existe mais. Segundo informações do IBGE, desde os anos de 1980, vem se observando no Brasil o crescimento de mulheres que se tornam chefe da família. Esses dados vêm aumentando ano a ano, se não vejamos a tendência dos últimos 20 anos: entre 1981 essa proporção era 16,9%; em 1985 era 18,2% das famílias. Os indicadores apontam que em 1990 era de 20,3%; em 1995 era 22,9%. Na última pesquisa de 1999, 26% dos lares se constituem apenas com a figura da mulher como chefe.

Unidade domiciliar – 1999		
Brasil e grandes regiões	**Famílias com chefes**	
	Homens	**Mulheres**
Brasil (1)	74,0	26,0
Norte (2)	70,5	29,5
Nordeste	73,4	26,6
Sudeste	73,3	26,7
Sul	77,6	22,4
Centro-Oeste	74,4	25,6

Fonte: *Pesquisa nacional por amostra de domicílios 1999 [CD-ROM]. Microdados*. Rio de Janeiro: IBGE, 2000.

A mulher exerce o papel de mãe e pai, é a provedora do lar, é líder nas relações familiares e se responsabiliza pela manutenção da casa e dos filhos, respondendo pela sua guarda e suporte moral. Esse papel que as mulheres, paulatinamente, foram assumindo no dia a dia, como provedora do lar, é importantíssimo para que se compreenda a própria evolução, tanto do conceito de família como da estrutura familiar em si.

Imaginem que esses arranjos familiares são organizações em que se agregam familiares oriundos de famílias nucleares desfeitas, trocando relações associadas por diferentes graus de parentesco, oriundas de diferentes trajetórias, que passam a residir num mesmo espaço, numa mesma casa. As pessoas – irmãos, irmãs, sobrinhos, netos, filhos – por situações diversas passam a morar na casa de um parente – uma "grande-mãe", que recebe a todos que a procuram: o que vale como orientação pode ser traduzido pelas expressões populares – "aqui sempre cabe mais um", ou "onde come um comem dois". Portanto, aqui nasce uma "família-extensa". Criam-se, assim, novos laços de proteção, ajuda e partilha. O processo de inclusão é o que caracteriza e marca este tipo de agrupamento, ou arranjo familiar.

Também é comum nas famílias estruturadas, com a separação entre os cônjuges, uma completa reestruturação da família. Desfeita a família nuclear, em geral, a mulher assume a condução das relações com os filhos. É um duro processo de sofrimento para todos.

Independente da classe social, as crianças são as que mais sofrem com os rompimentos desfeitos entre os pais. A falta do pai ou da mãe, ou mesmo a mudança de residência e do padrão de vida, afetam sobremaneira as suas vidas.

Essas interferências rapidamente podem atingir a autoestima das crianças ou mesmo trazer-lhes insegurança provocando mudança no comportamento. Essas repercussões na escola podem se dar com diferentes nuanças que variam do humor da criança à interferência na sua aprendizagem. Como há crianças que superam com certa facilidade, há outras que, fragilizadas emocionalmente, podem somatizar de diferentes maneiras a dor e o seu sofrimento. Ainda temos que levar em consideração, além dos conflitos entre os casais no momento da separação, o aspecto do direito de família: a divisão dos bens e a guarda dos filhos. Toda essa situação é vivenciada de forma angustiante pela criança.

Portanto, diante destas situações é comum a mudança no seu comportamento. A saudade, a perda, a falta do aconchego da união dos pais podem provocar um sentimento de fracasso, de culpa e de mágoa. Quando a criança é atingida por esta situação, problemas de aprendizagem podem aparecer. Nesses casos, o olhar atento do professor deve se fazer presente. Manifestações dessa natureza desafiam os professores. Quando as crianças chegam a este estágio, o docente deve, com entendimentos entre o responsável e a escola, orientar o encaminhamento para um profissional que possa diagnosticar e ajudar a criança a superar aquela dificuldade. Outros problemas, também, podem surgir, como de indisciplina, baixa autoestima e o sentimento de estigma. São feridas que marcam, ficam abertas por muito tempo e custam a cicatrizar, isto é, quando cicatrizam.

Da relação escola e família

É comum ouvirmos a preocupação dos professores na escola quando das situações problemáticas que estes enfrentam na educação das crianças. Em geral os professores têm reclamado da postura dos pais, que muitas vezes utilizam a escola como depósito para as crianças. Faltam às reuniões, não participam das atividades da escola, são ausentes na escola e na vida das crianças... Se a família adota este posicionamento, consequentemente, o professor passará a ser compreendido apenas como uma espécie de babá de luxo.

Como mediar estas questões e tantas outras que afligem os pais? Qual solução apontar para os problemas que as famílias enfrentam hoje? Como educar os pais para assumirem verdadeiramente seus papéis de pais?

Os pais esperam muito da escola. Nela eles apostam o futuro dos seus filhos, acreditando que a escola os levará, ao longo dos anos, ao sucesso profissional, à disputa por carreiras prestigiadas e financeiramente rentáveis.

Os professores criticam as famílias porque, a cada ano, o padrão da educação doméstica vem se deteriorando. As crianças não têm limite, são indisciplinadas e faltam-lhes com respeito e obediência. Por que isto acontece? Os professores em geral responsabilizam a família e os pais. De fato eles têm razão. Mas também esquecem que é tarefa da escola a educação, na perspectiva da formação. A escola deve ministrar conteúdos, deve ser centrada no conteúdo, mas objetivamente não nos esqueçamos de que, ao longo da vida escolar, estes se repetirão em grau de complexidade e exigência superior, mas os valores que formam a personalidade do ser humano têm que ser trabalhados com muita ênfase na infância. Se por um lado falta aos pais esta noção de autenticidade na educação dos seus filhos, sobra para a escola, na figura do professor. Neste sentido, devemos compreender que a posição dos pais é de quem pede ajuda, pois eles não sabem o que é educar, perderam as referências de autoridade sobre os filhos. As necessidades da vida moderna fazem com que os pais sejam absorvidos pelo trabalho, para assim buscarem *status* e uma melhor condição de vida. Às vezes esquecem de dar atenção às crianças nos momentos mais importantes de suas vidas. Esquecem que estes momentos passam e não têm volta.

Daí a escola ter no seu projeto pedagógico, como objeto da sua atuação, além da formação dos seus professores e a educação dos alunos, também o de educar os pais como educadores. Decididamente, estou convencido de que se a escola não abraçar esta missão, perderemos todos: professores, pais e alunos.

A docência e a família

Interessante destacar a dinâmica da aproximação do trabalho docente com o cuidado que a professora tem com os seus alunos na escola. O termo é bem-apropriado: "Os meus alunos!" O cuidado está no centro do trabalho docente. A professora cuida dos seus alunos como seus. Como se fossem seus filhos. Em depoimentos é comum os docentes relatarem que a sua atitude de cuidado com as crianças é semelhante à da mãe com seu filho. Há uma identidade do trabalho docente com o cuidado. A professora muitas vezes assume uma tarefa puramente maternal, cumprindo o seu papel docente como se exercesse a maternidade.

A explicação para essa postura do docente tem um caráter cultural, mas não podemos esquecer que a sua dimensão é política. A docência caracteriza-se por um tipo de "profissão" em que o trabalhador deve se desprender emocionalmente, envolvendo-se como sujeito com outros sujeitos. Portanto, é próprio do trabalho docente o cuidado. A divisão do trabalho, na sociedade capitalista, formalizou a tarefa do cuidado com crianças e idosos como responsabilidade das mulheres. Sabemos que a atividade docente é destinada ao outro, para o outro, com o outro. A proximidade das relações da vida privada com a atividade docente exige um discernimento do professor para o seu envolvimento afetivo-emocional.

Outra característica marcante da profissionalidade docente é a paciência. O envolvimento da professora com os alunos se faz por trocas de afetividade. A atenção, o querer bem, as manifestações de carinho são determinantes para a conquista da criança no processo ensino-aprendizagem. Assim, podemos dizer que o trabalho docente é um trabalho-paciente. Não se aprende na escola de formação docente. É algo que se constrói no cotidiano do fazer docente, no envolvimento permanente com o outro, na gestão da classe. Os detalhes do cuidado com a criança pequena exige o treino da paciência, ou melhor, a paciência de mãe. Aqui se reconhece a dimensão ética do trabalho da professora: o respeito incondicional ao ser humano. A professora, mesmo não sendo mãe, é levada a assumir o cuidado de mãe pela educação da criança. A limitação da professora, nos destinos da vida privada dos alunos, entra em contradição com o conteúdo do seu próprio trabalho.

Os graves problemas da família emergem na escola, na sala de aula, tornando-se objeto do trabalho do professor. Os professores têm que lidar com estes problemas, vivenciando-os como educador. Muitas vezes orientando os pais e os filhos, pois precisam de assistência, de ajuda, de cuidado.

A qualidade do vínculo com que o professor estabelece seu ponto de vista da afetividade é determinante para o que se entende como perfil de um bom professor. Mas somente numa leitura a partir da ergonomia do trabalho docente é que poderemos compreender o investimento afetivo, emocional e cognitivo, que qualifica a identidade do bom professor.

6 / A formação de professor e o curso de pedagogia no Brasil: caminhos e descaminhos na construção da identidade do pedagogo

Formação de professor e o curso de pedagogia: síntese histórica

Para além da discussão sobre a exigência da titulação em nível superior para os professores atuarem nos sistemas de ensino, é importante discutirmos a qualidade do profissional que assumirá a formação humana integral considerando os seus aspectos físico, psicossocial, afetivo, motor e cognitivo-linguístico das nossas crianças em creches, pré-escolas e na escola de ensino fundamental nas quatro primeiras séries. Temos a certeza da unanimidade que não queremos professores despreparados ou malqualificados.

Considerando-se os termos da lei, a partir do primeiro semestre de 2004, as instituições de ensino superior deverão adequar-se à orientação legal que estabelece a organização e funcionamento dos cursos de formação de professor. Nas faculdades isoladas ou integradas e nos centros universitários devem estruturar-se por meio dos Institutos Superiores de Educação (ISE), que estarão responsáveis pelas licenciaturas, e o Curso Normal Superior (CNS). As universidades, respeitada a sua autonomia, têm a opção de criar ou não um Instituto Superior de Educação, mas devem organizar uma diretoria ou coordenadoria, dependendo da sua estrutura institucional[2].

Qual a consequência dessa medida para a formação de professores e os cursos de pedagogia?

O que se percebe claramente, seja no grupo do governo, representado por segmento do Ministério da Educação – MEC e do Conselho Nacional de Educação – CNE e o grupo do movimento docente, representado pelas universidades e pelas instituições da área da formação docente, é uma constante suspeita entre ambos. Isso não é *pra menos*. As posições de ambos os grupos são muito distintas: enquanto o grupo do governo faz a defesa do seu projeto vinculada a interesses pautados nas mudanças estratégicas para o fortalecimento do modelo da reforma da educação em curso, ataca o projeto do movimento docente acusando-o da defesa de interesses corporativos. Entretanto, o grupo vinculado ao movimento docente denuncia essa postura como instrumental e pouco reflexiva, o que reflete a denúncia de uma abordagem da questão da formação do professor calcada nos interesses utilitaristas. Portanto, temos uma tensão histórica, fruto dos embates na defesa de projetos distintos fundamentados numa concepção diferenciada de educação e sociedade. Assim, temos um permanente conflito entre o governo e o movimento do-

---

2. Nos termos do Decreto n. 5.773, de 9 de maio de 2006, na subseção I das Disposições Gerais, no Art. 112, determina que "As instituições de educação superior, de acordo com sua organização e respectivas prerrogativas acadêmicas, serão credenciadas como: I – Faculdades, II – Centros universitários e III – Universidades". Desse modo, os institutos superiores de educação deverão se adequar às exigências do referido decreto, que entrou em vigor em 10 de maio de 2006.

cente marcado pela suspeita e desconfiança de ambos os lados. Logo, isso tem provocado rupturas no debate sobre a formação docente em curso no país. No cenário dessa discussão existem poucas conquistas e muitos embates, os desgastes são constantes e os avanços quando existem são por demais conservadores.

Estas posições conflitivas têm seus precedentes históricos na luta pela democratização da escola no Brasil. As suas origens remontam ao próprio processo civilizatório colonial instituído pelas elites lusitanas. Esse processo atravessa o império e se explicita quando da instituição do modelo republicano brasileiro. As propostas de avanço na democratização da escola foi sempre bandeira do movimento docente. Desde os educadores vinculados às causas abolicionistas, passando pelos signatários do Manifesto dos Pioneiros da Escola Nova aos segmentos que defenderam a escola pública, democrática e laica quando das discussões da elaboração da primeira Lei de Diretrizes e Bases – LDB, no Brasil, Lei n. 4.024/61. Mesmo sob o golpe militar de 1964, com o estabelecimento do regime militar-ditatorial, os embates camuflados na defesa da reforma da educação, instituída na época pela Lei n. 5.692/71, foram objeto de contínuas críticas no conteúdo da reforma do ensino à época, por parte do movimento de resistência dos educadores em defesa da liberdade democrática.

Com o cenário da redemocratização nos anos de 1980, a luta é retomada no campo do debate democrático. Na constituinte dos segmentos em defesa da escola privada de um lado e da escola pública do outro, vão compor os atores da peça representada no Congresso Nacional quando da elaboração da Constituição Brasileira de 1988, especialmente no capítulo da educação. Nos anos de 1990, esse cenário será a própria sociedade e as diferenças se acentuam nos postulados defendidos por determinados segmentos representantes do modelo neoliberal na educação e contrapondo a essa posição o movimento docente – as entidades representativas dos professores e as universidades, na defesa dos interesses da maioria empobrecida da sociedade por uma escola pública, democrática e de qualidade.

Sobre a formação de professores, esse debate emerge como núcleo central da reforma da educação. A formação de professores é uma área estratégica em que o governo vai agir assumindo o controle ideológico do debate e das mudanças a serem propostas e implementadas. A figura de um novo modelo de formação de professor, na figura dos Institutos Superiores da Educação, traz um mal-estar aos cursos de pedagogia e às faculdades de educação.

Com a nova Lei de Diretrizes e Bases da Educação Nacional – LDB, Lei n. 9.394/96, no seu Art. 63, traz a figura institucional dos Institutos Superiores de Educação – ISE e do Curso Normal Superior. Em princípio não se entendia como funcionaria a nova figura dos ISEs e do CNS. Após a edição do Decreto n. 3.276, de 06 de dezembro de 1999, quando na sua primeira versão no Art. 3° explicitava que a formação de professores da Educação Infantil e dos anos iniciais da Educação Infantil se daria "exclusivamente" nos ISE por meio dos CNS.

Interpretando o conteúdo do decreto, restavam aos cursos de pedagogia a formação do Técnico em Educação através do bacharelado em pedagogia, na graduação ou na pós-graduação, a formação das habilitações, considerando a definição de uma base comum nacional. Vale salientar que esta base comum nacional ainda não foi definida. Dessa forma, a docência como especificidade dos pedagogos, no ensino e na formação da criança pequena, não foi reconhecida, o que representa uma explícita negação de uma conquista na forma da hermenêutica, de acordo com o espírito da lei em referência à legislação anterior, a nova LDB, pelo Parecer n. 252/69, de autoria do Prof. Valnir Chagas. Tal parecer explicitava o magistério das disciplinas pedagógicas do ensino de segundo grau, hoje equivalente ao Ensino Médio, como a habilitação de base para as demais habilitações: administração, supervisão, orientação e inspeção escolar. O curso de pedagogia habilitava os profissionais para o exercício do magistério das disciplinas pedagógicas em nível médio: formava-se o professor, que iria formar o professor para trabalhar com a criança. Ou seja, a partir do conteúdo deste Parecer fica definida a formação do pedagogo, mas a lei em si não chega a proibir a docência nas séries iniciais da educação básica. Neste sentido, o que não fica explicitado pela letra da lei não está proibido. A lei que definia a formação do pedagogo, mas não afirma que era proibido este assumir a docência nas séries iniciais do Ensino Fundamental. Segundo o dito, aquele que pode muito, pode pouco; ou melhor, o pedagogo formava o professor do normal, e a lei não o proibia de assumir o ensino da criança. Nos anos de 1980, os pedagogos assumiram paulatinamente a docência do ensino da criança da 1ª até a 4ª série do antigo 1º grau, como uma conquista de mercado de trabalho. Após uma saraivada de protestos das entidades, universidades e do movimento docente, o presidente, à época Fernando Henrique Cardoso, revisa a questão e edita o Decreto n. 3.554/99, publicado em 07/08/2000, o qual modificava o termo "exclusivamente" para "preferencialmente" tentando assim conciliar a concepção imposta aos cursos de pedagogia sobre a formação do professor da criança pequena.

Sobre a questão da formação do pedagogo, a nova LDB – Lei n. 9.394/96 – foi aprovada com o *Título VI – Dos profissionais da educação*, com um texto bastante provocativo destacando a necessidade de se universitarizar a formação, que é na verdade uma das exigências da reforma na educação, o que se aproxima dos interesses do movimento docente. O que é muito importante qualificar a formação do professor no mais alto nível. Mas, contraditoriamente, a mesma lei – Lei n. 9.394/96, Título VI, Art. 62 – permite a formação de professores para atuar na Educação Infantil e nas séries iniciais do Ensino Fundamental e também no Ensino Médio por meio da modalidade da oferta do curso normal ou pedagógico. Considerando a atual circunstância, o campo da pedagogia fica destinado à formação do professor da Educação Infantil até séries iniciais do Ensino Fundamental, podendo este ser formado conforme o quadro abaixo:

Quadro I – Formação do professor da Educação Infantil até séries iniciais do Ensino Fundamental

No Ensino Médio	Cursos normal ou pedagógico
Na educação superior	Instituto superior de educação ou Cursos de pedagogia

Quanto à discussão sobre as Diretrizes Curriculares dos cursos de pedagogia, não se consegue chegar a um denominador comum que sintetize uma concepção mais ampla e plural da "formação do pedagogo". Essa possibilidade está longe de consenso. A partir das novas orientações curriculares propostas pela reforma na educação tem-se a seguir um quadro sinóptico da tentativa obstinada do MEC e do CNE em definir a questão da formação do professor da criança pequena e a sua interface com o curso de pedagogia.

Quadro II – Sinopse da legislação sobre a formação do professor para a educação básica nos últimos anos

Junho de 1997	Resolução CNE/CP 02/97, de 26/06/1997 – dispõe sobre programas especiais de formação de docentes para as disciplinas do currículo do Ensino Fundamental, do Ensino Médio e da educação profissional em nível médio.
Dezembro de 1997 a 1999	Referenciais para formação de professores.
Maio de 1999	A Comissão de Especialistas da Pedagogia finaliza a proposta das Diretrizes Curriculares do curso de pedagogia.
Agosto de 1999	Parecer CNE/CP n. 115/99, de 06/08/1999 – que define as diretrizes gerais para os Institutos Superiores de Educação.
Setembro de 1999	Resolução CNE/CP n. 01/99 de 30/09/1999 – dispõe sobre os Institutos Superiores de Educação, considerados os Art. 62 e 63 da Lei n. 9.394/96 e o Art. 9, § 2º, alíneas "C" e "H", da Lei n. 4.024/61, com a redação dada pela Lei n. 9.131/95.
Novembro de 1999	Parecer CNE/CES n. 970/99 de 09/11/1999 – que trata sobre o curso normal superior e da habilitação para magistério da Educação Infantil e séries iniciais do Ensino Fundamental nos cursos de pedagogia.

Dezembro de 1999	Decreto n. 3.276 de 06/12/1999 – dispõe sobre a formação em nível superior de professores para atuar na educação básica e dá outras providências.
Dezembro de 1999	Decreto n. 3.554/99 – dá nova redação ao § 2° do Art. 3° do Decreto n. 3.276, de 06/12/1999, que dispõe sobre a formação em nível superior de professores para atuar na educação básica.
Maio de 2000	Edição da proposta de diretrizes para a formação de professores da educação básica, em curso de nível superior, junto com o projeto de estruturação do curso normal superior, é encaminhada pelo MEC ao CNE.
Janeiro de 2001	Edição do documento norteador para orientação das comissões de autorização e de reconhecimento de cursos de pedagogia.
Janeiro de 2001	Edição do documento norteador para orientação das comissões de verificação com vistas à autorização e reconhecimento de cursos normal superior.
Março de 2001	O CNE realiza em várias regiões do país audiências públicas, discutindo a proposta de Diretrizes para formação inicial de professores da educação básica, em nível superior, curso de licenciatura, de graduação plena.
Maio de 2001	Parecer CNE/CP n. 009/2001, de 08/05/2001 – Diretrizes Curriculares Nacionais para formação de professores da educação básica, em nível superior, curso de licenciatura, de graduação plena.
Outubro de 2001	Parecer CNE/CP n. 027/01 de 02/10/2001 – dá nova redação ao item 3.6, alínea "C", do Parecer CNE/CP n. 9/2001, que dispõe sobre as Diretrizes Curriculares Nacionais, para a formação de professores da educação básica, em nível superior, curso de licenciatura, de graduação plena.

Outubro de 2001	Parecer CNE/CP n. 028/2001 de 02/10/2001 – dá nova redação ao Parecer CNE/CP n. 21/2001, que estabelece a duração e a carga horária dos cursos de formação de professores da educação básica, em nível superior, curso de licenciatura, de graduação plena.
Fevereiro de 2002	Resolução CNE/CP n. 1/2002, de 18/02/2002 – institui as Diretrizes Curriculares Nacionais para a formação de professores da educação básica, em nível superior, curso de licenciatura, de graduação plena.
Fevereiro de 2002	Resolução CNE/CP n. 2/2002, de 19/02/2002 – institui a duração e a carga horária dos cursos de licenciatura, de graduação plena, de formação de professores da educação básica em nível superior.
Julho de 2002	Portaria CNE/CP n. 4, de 03 de julho de 2002 – institui Comissão com a finalidade de estabelecer diretrizes operacionais para a formação de professores para a educação básica e apresentar estudo sobre a revisão das Resoluções CNE/CP n. 2/97 e n. 1/97, as quais dispõe, respectivamente, sobre os programas especiais de formação pedagógica de docentes para as disciplinas do currículo do Ensino Fundamental, do Ensino Médio e da educação profissional em nível médio e sobre os Institutos Superiores de Educação.
Agosto de 2003	Resolução CNE/CEB n. 1/03, de 20/08/2003 – dispõe sobre os direitos dos profissionais da educação com formação de nível médio, na modalidade normal, em relação à prerrogativa do exercício da docência em vista do disposto na Lei n. 9.394/96 e dá outras providências.

Julho de 2004	Parecer CNE/CP n. 4/04, de 06/07/2004 – adia o prazo previsto no Art. 15, da Resolução CNE/CP n. 1/2002, que institui as Diretrizes Curriculares Nacionais para formação de professores da educação básica, em nível superior, curso de licenciatura, de graduação plena.
Agosto de 2004	Resolução CNE/CP n. 2/04, de 27/08/2004 – adia o prazo previsto no Art. 15 da Resolução CNE/CP n. 1/02, que institui as Diretrizes Curriculares Nacionais para formação de professores da educação básica, em nível superior, curso de licenciatura, de graduação plena.
Dezembro de 2004	Parecer CNE/CES n. 360/04, de 08/12/2004 – aprecia a indicação CNE/CES n. 3/2004, que trata do apostilamento de diplomas do curso de pedagogia, relativamente ao direito do exercício do magistério nas séries iniciais do Ensino Fundamental.
Fevereiro de 2005	Resolução CNE/CES n. 1/05, de 01/02/2005 – estabelece normas para o apostilamento em diplomas de cursos de graduação em Pedagogia, para direito ao exercício do magistério nos quatro anos iniciais do Ensino Fundamental.
Agosto de 2005	Aprovação na Comissão de Educação e Cultura no dia 03/08/2005 do substitutivo ao Projeto de Lei n. 4.746/98, do Dep. Arnaldo Faria de Sá (PTB-SP), que regulamenta a profissão de Pedagogo.
Novembro de 2005	Resolução CNE/CP n. 1/05, de 17/11/2005 – altera a Resolução CNE/CP n. 1/02, que institui Diretrizes Curriculares Nacionais para a Formação de Professores da educação básica, em nível superior, curso de Licenciatura de graduação plena.

Dezembro de 2005	Parecer CNE/CP n. 5/2005, de 13/12/2005, que orienta as Diretrizes Curriculares Nacionais para o curso de pedagogia.
Fevereiro/Março de 2006	Parecer CNE/CES n. 23/2006, de 02/02/2006, que propõe a revisão da Resolução CNE/CES n. 01/2005, na qual são estabelecidas normas para o apostilamento, em diplomas de curso de graduação em Pedagogia, do direito ao exercício do magistério nos anos iniciais do Ensino Fundamental. Aprovado em 02/02/2006 e homologado em 16/03/2006.

Pelo quadro acima, percebe-se que o contexto da formação de professores caracteriza-se pelo impasse na decisão do Estado pela opção dos modelos de formação profissional. A legislação é muito confusa. Isso é uma expressão do conflito que está posto em debate por um lado pelo Estado – representado por segmentos do Governo no Ministério da Educação – MEC, e do Conselho Nacional de Educação – CNE, que, por meio das suas Câmaras de Educação Básica e Educação Superior, encontram-se em permanente busca de uma unidade. Por outro lado, há o movimento docente – representado principalmente pelas entidades Anfope, Forumdir, Anped, Cedes, que, mesmo tendo diferenças na interpretação sobre a formação de professor, busca articular uma unidade das suas propostas para disputar a hegemonia no debate com os segmentos do governo e do Estado. Portanto, em síntese, o que se tem claramente é a legislação extensa e confusa.

A crise da profissionalidade docente provocou um mal-estar na formação docente. O novo perfil de trabalhador da sociedade globalizada neoliberal, considerando-se as transformações ocorridas no mundo do trabalho, exige uma complexa mudança na educação. Daí, no início dos anos de 1980, surgiu a ideia de reformar a educação. Os Estados Unidos, na tentativa de manter a qualidade competitiva da sua indústria, analisa que o ponto nevrálgico era o investimento na reforma da estrutura e organização da sua escola. Os países da Europa, representantes do mundo francófono, debatiam-se seriamente sobre a organização dos seus sistemas de educação, considerando que a sociedade do conhecimento tem a sua centralidade na ciência, e que o conteúdo das teorias científicas encontra-se em permanente evolução. É sintomático que esta relação vai interferir na compreensão do processo ensino e aprendizagem. Assim, passou-se ao entendimento de que a escola não poderia limitar-se ao ensino propedêutico e reflexivo, mas sim o conteúdo da nova organização produtiva, por isso, passou a ser mediado por um tipo de racionalidade em que a dimensão pragmática para o trabalho, as relações de integração para o exercício do trabalho em equipe e a ênfase na resolução de problemas passaram a ser focadas no saber fazer, em que fizeram emergir a perspectiva do ensino e da educação para o desenvolvimento de competência.

A reforma atinge duplamente a educação: modifica o sistema de ensino e a formação de professor. Especificamente sobre a educação, compreendia-se esta como a principal variável para o processo de desenvolvimento dos países do mundo. A formação de professor é estratégica para a qualidade de educação escolar. Acreditava-se que o professor "bem-formado" seria suficiente para a melhoria da qualidade da escola e da educação.

Nesse sentido os objetivos da reforma, no que tange à formação de professor, são os seguintes:

- tornar a formação docente mais sólida;
- institucionalizar a carreira do magistério;
- normatizar a entrada na profissão;
- fortalecer a pesquisa na área da formação docente;
- aproximar as instituições de formação das escolas;
- proporcionar a autonomia das escolas.

No Brasil a reforma da educação vai ser definida com a própria Lei de Diretrizes e Bases da Educação, Lei n. 9.394/96.

A nova LDB apresenta a concepção do sistema de ensino estruturado em Educação Básica – Educação Infantil, Ensino Fundamental e Ensino Médio – e Educação Superior – graduação acadêmica, graduação profissional (sequencial e tecnológica), e a pós-graduação. A orientação que demarca o referencial político-pedagógico se pauta a partir de três princípios: flexibilidade, interdisciplinaridade e contextualização. Esses princípios encontram-se integrados aos conteúdos da reforma, que constituem as novas orientações curriculares pautadas na abordagem do paradigma da competência. Assim, o planejamento da educação brasileira encontra, na Pedagogia da Competência, à luz das reflexões do Prof. Phillipe Perrenoud, a sua essência, expressão mais adequada que a caracteriza sob os pilares da autonomia, descentralização e avaliação do sistema, o modelo da reforma em curso na educação brasileira.

A reforma da educação no Brasil tem como pressupostos o questionamento da produtividade da escola, por conta do insuficiente rendimento acadêmico. Problemas crônicos que não se conseguem demover do sistema, agravados pela evasão escolar, repetência, aprendizagem dos alunos, a questão do analfabetismo e tantas outras situações que impedem a possibilidade da melhoria da escola real. Daí o primeiro momento da reforma se constituir pelo acesso e a universalização da educação básica. O país assegurou uma ampla política de acesso para garantir a universalização da escola. "Todos na Escola" foi a meta do governo FHC nos anos de 1990, pós-LDB. Mas a quantidade não avançou na qualidade. O país ficou marcando passo na prioridade de todos na escola pública e de qualidade. O que se pretendeu, nas reformas anteriores, quando da edição da Lei n. 4.024/1961 e da Lei n. 5. 692/1971, foi priorizar a democratização da escola no Brasil. Tudo não passou de discurso, pois não havia vontade política das elites em permitir o acesso à escola nos segmentos mais empobrecidos da sociedade: as elites, quando das pressões dos mais pobres, davam com uma mão e tiravam com a outra. O ensino de 1° e 2° graus, com a profissionalização, foi uma das formas que as elites encontraram de ampliar o acesso à escola para as camadas mais pobres, desde que o sistema educativo preparasse o aluno para o trabalho. Ou seja, à escola caberia o papel de formar o trabalhador a ser requerido pelo sistema produtivo. Desse modo, o empresariado não teria necessariamente a necessidade de investir e formar o trabalhador, esta função caberia ao sistema educativo. Entretanto, o que se deu nesse período é que a formação do trabalhador pelo ensino profissionalizante limitou seu acesso à universidade, pois o conteúdo do vestibular estava vinculado às matérias científicas e não às disciplinas do 2° grau profissionalizante.

Portanto, a importância de conquistarmos uma parte da democratização da educação, com acesso à escola, e a universalização desta, onde todos possam nela permanecer e estudar com qualidade, representa parte da conquista pela cidadania. A escola deve ser responsável pela aprendizagem da criança e do seu sucesso ao longo do sistema. Dentre as exigências da sociedade do novo tempo, a escolaridade é um diferencial na vida dos indivíduos. Ser mais, como nos diz Paulo Freire, agora também significa a terminalidade de escolarização básica. Os novos processos de organização produtiva são modificados com imensa rapidez, consequência do rápido desenvolvimento científico-tecnológico contemporâneo. Nesse sentido, a terminalidade de cada ano escolar representa um diferencial competitivo que agrega valor à força de trabalho no mercado capitalista.

A validade do conhecimento científico se refaz a cada superação teórica ou avanço tecnológico. Portanto, a reforma na educação tem um marco limítrofe entre a democratização da escola e a conquista da autonomia dos indivíduos. A razão instrumental, um tipo de conhecimento técnico, é utilizada ideologicamente para dar sustentação ao modelo de sociedade capitalista de feitio neoliberal. A ciência é utilizada para o fortalecimento do sistema e da lógica capitalista. Aqui se coloca o núcleo duro da crise da formação docente. O conhecimento trabalhado, na escola, é o conhecimento científico, e o professor é o sujeito que vai refletir, pensar e elaborar, através do processo de ensino e aprendizagem, na formação dos alunos, o significado da ciência, ou fazer a crítica ao tipo de racionalidade ideologizada pela lógica das relações capitalistas.

Em busca de superar esta crise na formação docente, a reforma da educação propõe uma profunda revisão nos modelos até então existentes. A crítica aos modelos de formação docente deve-se aos currículos de caráter aplicacionista, que possuem ampla densidade teórica, ou seja, os currículos dos cursos de formação de professor são constituídos de uma carga horária amplamente teórica. Somente no final do curso é que se tem a parte prática com os estágios. Esses são tidos como o coroamento do curso, quando encerrada a formação. Era como se o professor formado não precisasse mais estudar, atualizar-se, não precisasse de permanente formação. A ideia de educação continuada ainda não era algo presente quando da concepção de currículo no momento em que se definiu a formação do professor. Vale destacar outra crítica que se encontra nas entrelinhas dos argumentos anteriores colocados: a cisão entre teoria e prática. Os conteúdos da formação não eram articulados tendo como base a unidade entre o pensar e o agir.

Entretanto, é de se reconhecer, como afirmou Paulo Freire se referindo à formação do professor, que a experiência docente constitui conteúdo da sua formação e que se deve valorizar a prática docente. Com os estudos específicos sobre a formação do professor, hoje se tem a devida clareza com a epistemologia da prática profissional, que a prática docente dá grande relevância na formação do professor. Sabe-se que a partir da experiência prática se gera um conhecimento próprio do ser docente: o que o professor Gimeno Sacristán denomina de uma racionalidade limitada, isso que prefiro conceituar, na perspectiva da epistemologia da prática docente, o mesmo que o professor Maurice Tardif define de racionalidade pedagógica – um tipo de conhecimento próprio do saber fazer docente.

Pela exposição até aqui, percebe-se o quão distante era a formação docente da escola real. Esse modelo de formação criticado anteriormente gerava pouco impacto na vida dos alunos.

Assim, passou a se compreender a formação de professor questionando seriamente a ação docente, ou seja, o que de fato move a ação docente? O que significa ser professor? Como me torno professor? Se o professor se faz docente pela sua ação prática, para que serve a formação universitária, que passou a ser uma das exigências da reforma da educação no que diz respeito à formação de professor? Como articular a relação teoria e prática na formação docente? Como aproximar as instituições formadoras das escolas reais? Se a educação é continuada, quem forma os formadores? Essas questões compõem o cenário em que se discute a formação do pedagogo.

As principais propostas para as Diretrizes Curriculares Nacionais do curso de pedagogia

O Conselho Nacional de Educação – CNE, anunciou, na reunião nacional do Fórum de Diretores das Faculdades/Centros de Educação das Universidades Públicas Brasileiras – Forumdir, ocorrida em Maceió-AL, no dia 17 de março de 2005, o projeto de resolução que trata das Diretrizes Curriculares dos Cursos de Pedagogia. Especificamente se trata de uma história que se arrasta por quase dez longos anos.

No momento atual, disputavam a posição protagonista três propostas: a primeira, da Associação Nacional pela Formação de Professores – Anfope; a segunda, a do Fórum dos Diretores das Faculdades e Centros de

Educação – Forumdir, e a última, do Conselho Nacional de Educação – CNE. Em que preconizam as referidas propostas?

A proposta da Anfope ancora a formação do pedagogo à luz de uma base comum nacional, fundamentada numa abordagem sócio-histórica de educador, que pressupõe uma formação que assegure a docência como base de formação para os profissionais da educação. Segundo a Profa. Helena Freitas (Anfope), em artigo publicado na revista *Educação e Sociedade*, n. 68, 1999, a concepção de uma base comum nacional articula os seguintes princípios: a) sólida formação teórica e interdisciplinar; b) unidade, teoria e prática; c) gestão democrática; d) compromisso social e político dos profissionais da educação; e) trabalho coletivo e interdisciplinar; f) formação inicial inter-relacionada com a formação continuada. Estes princípios são fruto da trajetória de anos de lutas, conflitos e consensos do movimento docente organizado.

A posição do Fórum de Diretores das Faculdades/Centro de Educação das Universidades Públicas Brasileiras – Forumdir, pontua a necessidade de articular o magistério com a gestão em educação. A seguir um breve resumo da proposta do Forumdir na sua versão de dezembro de 2003, aprovada no XVII Encontro Nacional, realizado em Porto Alegre – RS, na qual apresenta como eixo epistemológico e sociológico o trabalho pedagógico, compreendendo o profissional de pedagogia como o pedagogo, sujeito ético e produtor de saberes e conhecimentos gestados pela reflexão e pesquisa da sua experiência cotidiana sob três dimensões: 1) O trabalho pedagógico e a pluralidade de saberes definidos pelo ofício docente; 2) Saberes do campo específico da pedagogia e da gestão pedagógica e 3) Os saberes do pedagogo integrados organicamente aos saberes oriundos das áreas da docência.

A proposta do Conselho Nacional de Educação – CNE, de caráter mais legalista, baseada nas seguintes disposições normativas:

- Constituição da República Federativa do Brasil, de 1988, Art. 205;

- Lei de Diretrizes e Bases da Educação Nacional (Lei n. 9.394/96), Art. 3º, Inciso VII, 9º, 13, 43, 61, 62, 64, 65 e 67;

- Plano Nacional de Educação (Lei n. 10.172/2001), especialmente em seu item IV, Magistério na educação básica, que define as diretrizes, os objetivos e metas, relativas à formação profissional inicial para docentes da educação básica;

- Parecer CNE/CP n. 9/2001, que define as Diretrizes Curriculares Nacionais para a Formação de Professores da Educação Básica, em nível superior, curso de licenciatura, de graduação plena;

- Parecer CNE/CP n. 27/2001, que dá nova redação ao item 3.6, alínea "C", do Parecer CNE/CP n. 9/2001, que dispõe sobre as Diretrizes Curriculares Nacionais para a Formação de Professores da Educação Básica, em nível superior, curso de licenciatura, de graduação plena;

- Parecer CNE/CP n. 28/2001, que dá nova redação ao Parecer CNE/CP n. 21/2001, estabelecendo a duração e a carga horária dos cursos de formação de professores da educação básica, em nível superior, curso de licenciatura, de graduação plena;

- Resolução CNE/CP n. 1/2002, que institui Diretrizes Curriculares Nacionais para a Formação de Professores da Educação Básica, em nível superior, curso de licenciatura, de graduação plena;

- Resolução CNE/CP n. 2/2002, que institui a duração e a carga horária dos cursos de licenciatura, de graduação plena, de formação de professores da educação básica, em nível superior.

A proposta do Conselho Nacional de Educação – CNE, que trata da formação de professores, tem uma perspectiva com viés tecnicista e conteudista enfocando a formação do pedagogo como formação do professor para a Educação Infantil e séries iniciais do Ensino Fundamental. A concepção hegemônica do CNE destaca a formação do pedagogo, precipuamente para o magistério, para as séries iniciais da Educação Infantil no que diz respeito aos níveis de ensino. Quanto às modalidades educação de jovens e adultos, educação especial e educação indígena fica aberta a possibilidade de uma "complementação" com mais 800 horas destinadas, particularmente, a cada modalidade escolhida.

Ignorando o debate entre os pares, e desconsiderando as demais propostas, seja da Anfope, seja do Forumdir, o Conselho Nacional de Educação – CNE abriu para receber sugestões até o dia 17 de abril de 2005, emendas para a sua proposta. O debate que parecia estar adormecido no CNE, em banho-maria desde 1999, ressurge das cinzas, como uma fênix.

Ao conteúdo da proposta das diretrizes curriculares do curso de pedagogia em pauta no CNE falta consenso, vista a polêmica surgida com os pressupostos da reforma do ensino em curso no Brasil. Perde-se no horizonte a possibilidade da formação do pedagogo enquanto tal e, com isso, limita-se a formação do licenciado em pedagogia para o ensino da criança pequena. Ou melhor, a formação do pedagogo tem a sua sustentação na nova LDB – Lei n. 9.394/96, nos Art. 62, 63, 64 e 65, nos referenciais para formação de professores, elaborado entre 1997 e 1999 pela Secretaria de Educação Fundamental do MEC, Parecer CNE/CP n. 009/2001, de 08/08/2001 –, que trata das Diretrizes Curriculares Nacionais para formação de professores da educação básica, em nível superior, curso de licenciatura, de graduação plena e na Lei n. 10.172/2001, que regulamenta o Plano Nacional de Educação, definindo-se pela formação do professor para Educação Infantil e séries iniciais do Ensino Fundamental, com carga horária total de 3.200 horas, enquanto para os cursos de formação de professor a carga horária mínima é de 2.800 horas. A carga horária de 3.200 horas deve ser distribuída considerando no mínimo 2.400 horas de atividades acadêmicas gerais; no mínimo 200 horas de atividades acadêmico-científicas complementares e no mínimo 300 horas para estágio supervisionado em Educação Infantil e nas séries iniciais (1^a a 4ª séries) do Ensino Fundamental.

A 18ª versão da proposta do Conselho Nacional de Educação – CNE – para as Diretrizes Curriculares do curso de pedagogia se encontra em fase de revisão no Conselho Pleno para votação em plenário, pois a Resolução CNE/CP n. 2/04, de 27/08/2004 – que adia o prazo previsto, no Art. 15, da Resolução CNE/CP n. 1/02, que institui as Diretrizes Curriculares Nacionais para formação de professores da educação básica, em nível superior, curso de licenciatura, de graduação plena – exigia que, até outubro de 2005, os cursos de formação de professores deveriam se adaptar ao que determina as Resoluções CNE/CP n. 1 e n. 2/2002. Em informes da Comissão do CNE, responsável pelas Diretrizes da Pedagogia, essa Resolução será revogada e haverá a definição de novo prazo.

Quanto à gestão existe uma controvérsia em torno do que se tem como área própria da pedagogia, seja no campo epistêmico, seja no campo de atividade profissional. A polêmica no interior da comissão do CNE parte de interpretações diferenciadas sobre o Art. 64, no título IV da LDB – Lei n. 9.394/96, que diz: "A formação de profissionais de educação para administração, planejamento, inspeção, supervisão e orientação educacional para a educação básica será feita em cursos de graduação em pedagogia ou em nível de pós-graduação, a critério da instituição de ensino, garantida, nesta formação, a base comum nacional".

Alguns conselheiros entendem que a formação para a gestão educacional deve ser aberta na forma de complementação de estudos na graduação ou na pós-graduação. Na graduação em pedagogia os currículos dos cursos podem conter disciplinas ou conteúdos curriculares diversificados da área da gestão educacional, mas não habilitarão para a gestão educacional. Desse modo, para os demais licenciados fica aberta a possibilidade de estudos complementares em gestão educacional na pós-graduação. Essa posição contradiz o texto da lei que afirma que a opção de oferta para as habilitações "será feita em cursos de graduação em pedagogia ou em nível de pós-graduação, a critério da instituição de ensino, garantida, nesta formação, a base comum nacional".

Entretanto, vale ressaltar que, apesar de esta posição não estar definida, o perfil do pedagogo apresentado nesta versão inclui o pedagogo como profissional da docência para atuar: a) na Educação Infantil e nos anos iniciais do Ensino Fundamental"; b) nas disciplinas ou atividades de formação pedagógica em cursos de educação profissional; c) na organização e gestão de sistemas e instituições de ensino ou em experiências educativas não escolares e d) na produção e difusão do conhecimento científico-tecnológico do campo educacional, em contextos escolares e não escolares. Aqui ainda se tem, neste debate, a questão do bacharelado em pedagogia como área de formação dos especialistas, que foi desconsiderada pela comissão de formação de professores do CNE responsável pelas Diretrizes Curriculares do curso de pedagogia.

Nesta 18ª versão da proposta do CNE para as Diretrizes da Pedagogia, como foi explicitada no perfil profissional do pedagogo, confirma a sua formação para atuar na docência das disciplinas ou atividades de formação pedagógica em cursos da educação profissional, também denominada de formação especial pedagógica.

Portanto, compreende-se que carece o diálogo para se chegar a um entendimento mínimo, para que em breve se tenha a nova identidade do pedagogo, como profissional da educação crítico e reflexivo.

As Diretrizes Curriculares Nacionais para o curso de pedagogia: breve análise

Após os debates retomados nacionalmente com a divulgação da 18ª versão da proposta de Diretrizes Curriculares Nacionais para o curso de pedagogia, a partir de setembro de 2005, a Comissão Bicameral (Câmara de Educação Básica – CEB, e Câmara de Educação Superior – CES), encarregada de elaborar as Diretrizes de Pedagogia apresenta ao Conselho Pleno do Conselho Nacional de Educação – CNE, para apreciação, discussão e votação do texto-base que, submetido ao crivo dos conselheiros, é aprovado na forma do Parecer CNE/CP n. 5/2005, de 13 de dezembro de 2005, com a declaração de voto de três conselheiros que aprovaram o texto do citado Parecer das Diretrizes Curriculares Nacionais para o curso de pedagogia com restrições.

Toda polêmica em torno da definição sobre a identidade dos cursos de pedagogia tem como referência o sentido profundo do ser pedagogo. Ou seja, é a busca do estatuto epistemológico da pedagogia enquanto ciência, como área aplicada de conhecimento e como formação de profissionais. O "núcleo duro" da pedagogia, enquanto ciência, reside na ação prática, enquanto ciência aplicada. A prática pedagógica é o que constitui o conteúdo que valida a pedagogia como ciência. Neste sentido, a pedagogia é entendida como tecnologia da interação humana. As ciências sociais e humanas contribuem para a formação de um corpo de conteúdos que contribuem com a dimensão reflexiva da ação educativa referenciada por um conjunto de conhecimentos agregados às ciências humanas e à filosofia. No sentido clássico, não seria possível a compreensão da pedagogia como uma ciência, sobretudo porque não seria possível fundamentar uma ciência a partir da prática enquanto tal. Também no sentido clássico uma epistemologia não se deriva estritamente pela prática. Assim, a pedagogia se limitaria a uma arte ou um saber aplicado.

Ora, o que é base para a compreensão da pedagogia, como ciência, é a possibilidade de se ter, como objeto nuclear, a análise da prática e a sua interpretação racional de uma técnica particular: a educação. Pela lógica clássica não se sustenta o enunciado da pedagogia como ciência. Mas, segundo Nilton C. da Costa, existem lógicas não clássicas e daí é possível se determinar a completa dicotomia entre lógica e razão. Dessa maneira, é possível se ter, no e a partir do agir do sujeito do conhecimento, a emergência de uma lógica da ação e uma lógica das significações. Essa lógica tem que garantir a relação entre razão e prática. Outrossim, a definição da objetividade da pedagogia encontra-se na formalização da análise das práticas educativas, e pela metodologia científica se interpreta a ação e, dessa forma, pode-se demonstrar efetivamente os construtos teóricos como elementos de uma racionalidade da prática. Por isso, a razão que fundamenta a pedagogia, estabelecida no seu estatuto epistemológico, é baseada numa racionalidade que lhe é própria, numa racionalidade pedagógica.

As Diretrizes Curriculares Nacionais para o curso de pedagogia não explicita o que é o curso de pedagogia, mas define apenas a formação do professor, considerando a pluralidade de concepções, tendências, referências, teorias pedagógicas e metodológicas, bem como a experiência prática no ensino, na gestão escolar e na atuação em contextos não escolares. A identidade do curso de pedagogia nas Diretrizes Curriculares Nacionais vai resgatar as experiências que se consolidaram na prática escolar desenvolvida nas décadas de 1980 e 1990, oportunidade em que os cursos de pedagogia passaram a formar o pedagogo para atuar na escola, na Educação Infantil e no Ensino Fundamental até a 4ª série, além da habilitação em gestão escolar que abrangia a administração escolar, o planejamento e a avaliação ou em atividades não escolares.

Esta definição da atuação do pedagogo na prática efetivada no mercado de trabalho é uma conquista dos pedagogos, e parte do conteúdo do parecer das Diretrizes Curriculares Nacionais para o curso de pedagogia, que orienta a formação, será inicial para o exercício da docência na Educação Infantil, nos anos iniciais do Ensino Fundamental e nos cursos exclusivamente de Ensino Médio, na modalidade normal e em cursos de educação profissional na área de serviços e apoio escolar e em outras áreas em que se faça a exigência de conhecimentos pedagógicos. Nesta perspectiva, a gestão de processos educacionais pode ser elemento na formação, mas não se constituirá em habilitação. Esse ponto foi extremamente polêmico no âmbito da comissão bicameral e nas discussões do Conselho Pleno do CNE, inclusive sendo objetivo de declaração de voto de três conselheiros que percebem a contradição entre o que define o referido parecer e o Art. 64 da Lei de Diretrizes Curriculares e Bases da Educação Nacional – a nova LDB.

Outro item crítico em relação ao conteúdo pontuado nas Diretrizes Curriculares Nacionais da Pedagogia é o que se considera como deformação do perfil, pois não se compreende como formar o professor da criança pequena e, simultaneamente, esta mesma formação sugere outros conteúdos específicos para a gestão escolar. O exercício da docência, da gestão e da avaliação de sistemas e instituições de ensino e a elaboração, a execução e o acompanhamento de programas e atividades educativas passam a ser o foco da formação do pedagogo.

Na formação faltam as diretrizes para a pedagogia, uma explicitação mais densa do processo de investigação. A experiência é o elemento guia da formação por meio do estágio e da prática tendo como referência o planejamento, a execução e a avaliação da escola, e a compreensão da organização e funcionamento dos sistemas educacionais e de estabelecimentos de ensino. Assim, a orientação das diretrizes tem como núcleo a ação centrada na experiência pedagógica. O risco desta opção de formação encontra-se em privilegiar em demasia a prática em detrimento à formação teórica. A dispersão da formação com a combinação entre docência e gestão pode gerar uma superfacilidade expressiva no perfil do formando. Diferente das Diretrizes Curriculares Nacionais para formação de professores da educação básica, em nível superior, o curso de licenciatura, de graduação plena, após várias contribuições de educadores, professores, pesquisadores e instituições, foi possível construir a ideia de pesquisa na formação docente, que qualifica o formando para uma visão científica frente às situações em que se necessita de um olhar mais especialista diante das circunstâncias do seu agir na atividade pedagógica. A pesquisa não se limitou ao caráter didático, em que o professor levanta informações de forma restrita para a sua aula, mas permite que, na formação inicial, o professor possa constituir a investigação como um pilar que estrutura o edifício da sua ação como futuro professor ao lado da docência.

Quanto aos princípios da formação, as Diretrizes Curriculares Nacionais, para o curso de pedagogia, apontam: a interdisciplinaridade; contextualização; democratização; pertinência e relevância social; ética e sensibilidade afetiva e estética. Parte destas categorias coincidem com os princípios da reforma da educação em curso no Brasil. Mas a questão da formação do licenciado em pedagogia vai requerer, à luz das diretrizes, uma clareza da função social da educação e da ci-

83

dadania ativa como algo vivo para uma sociedade em que a equidade deve ser colocada como um valor. E aqui o conteúdo das Diretrizes busca integrar o olhar sobre as diferenças étnico-culturais valorizando, na formação inicial de professor, para o trabalho junto às comunidades indígenas, agrupamentos quilombolas e outros grupos étnico-raciais para fortalecer as identidades para uma convivência plural em que se reconhece e se respeita o diverso e o diferente.

A docência é o enfoque do trabalho pedagógico seja em ambientes escolares ou não escolares, não se confundindo com a utilização de uma técnica ou a aplicação de algum tipo de metodologia. Mas, segundo as Diretrizes Curriculares para o curso de pedagogia, a docência "é compreendida como ação educativa e processo pedagógico metódico é intencional, construído em relações sociais, ético-racial e produtivas, as quais influenciam conceitos, princípios e objetivos da pedagogia". O trabalho docente é entendido no campo pedagógico para atuação do professor em contextos escolares e não escolares como uma simbiose entre a cultura, a ciência, a ética e o prazer. Mas a formação sugerida pelas diretrizes da pedagogia é indissociável da gestão de processos educativos da docência. O projeto pedagógico de cada IES deverá elaborar uma proposta para o curso de pedagogia tomando a realidade local, os desafios e carências relativas aos sistemas de ensino e as políticas públicas de educação. As questões pertinentes à situação concreta em que o curso se situa podem ter aprofundamento de estudo nas seguintes áreas:

- gestão dos processos educativos escolares e não escolares;

- educação à distância;

- educação de pessoas com necessidades educacionais especiais;
- educação de pessoas jovens e adultas;
- educação étnico-racial;
- educação indígena;
- educação nos remanescentes de quilombos;
- educação no campo;
- educação hospitalar;
- educação prisional e
- educação comunitária ou popular.

Estas áreas de aprofundamento ou modalidades de ensino específico não constituirão habilitação nem apostilamento; para efeito comprobatório será registrado no histórico escolar do aluno.

Finalmente, as Diretrizes Curriculares Nacionais para o curso de pedagogia indicam que a estrutura dos cursos deve contemplar três núcleos de estudos: básico; aprofundamento e diversificação de estudos e de estudos integrados. Estes núcleos deverão promover a mediação dos conteúdos de fundamentação teórico-metodológica, de produção e difusão da investigação científica por meio da pesquisa, da aprendizagem, do planejamento, da didática, da avaliação e execução dos processos pedagógicos e da gestão de sistemas e de instituições escolares e não escolares, de forma integrada, elevando para 3.200 horas a formação com o devido rigor, integrada, em que a indissociabilidade teoria e prática estejam permanentemente articuladas, de forma interdisciplinar, contextualizada e flexível.

7 Educar para competências

Na civilização cognitiva contemporânea, no estágio vivenciado pela humanidade, apenas o conhecimento não é condição suficiente para o futuro dos indivíduos. A evolução do saber e do saber-fazer constitui o que se convencionou por desenvolvimento de competências. O fator da competitividade gerado pela escassez de empregos, provocada pela lógica desumana do sistema capitalista, levou à necessidade no campo da educação em responder com ideias inovadoras às mudanças na escola e na prática pedagógica. É uma situação aparentemente contraditória, pois isso, numa sociedade com uma identidade tecnológica, cognitiva e da informação dos indivíduos, não poderia sucumbir diante das rápidas e complexas transformações em que são colocadas permanentemente para o desenvolvimento dos projetos individuais e coletivos. A educação, por isso, é posta como um meio pelo qual se permite orientar o sentido da vida humana.

A educação para um mundo em mudança é chamada a organizar os novos modos de conhecer, refletir e aprender. No plano prático, trata-se de uma crítica ao modelo da escola tradicional e conteudista, em que o processo de ensino e aprendizagem era centrado no professor. Os objetos do conhecimento eram determinados pelo mestre-escola. O conhecimento era decorável e a aprendizagem se limitava à memorização de conteúdos e fatos.

Mas a dinâmica social protagonizada, no decorrer do século XX, trouxe radicais modificações para a vida em sociedade. A escola, como instituição social, também, será marcada pela força das políticas educacionais que à luz das reformas educacionais questionam o seu sentido e o seu significado diante da nova realidade. Neste cenário não basta na escola se aprender conhecimentos formais, é necessário aprender com a experiência, transformando-a em saberes que remetem a um saber-fazer. A elaboração desse saber-fazer constitui o conteúdo da categoria competência. Ou seja, não basta ter conhecimento, é preciso saber aplicá-lo nas mais diferenciadas situações inusitadas da vida. Com a modernidade, o saber deixa de ser contemplativo e passa a assumir um caráter profundamente instrumental. O sentido que o saber encerrava em si mesmo agora passa a ser manipulatório dos homens, das coisas e do mundo. Assim, com a nova significação do saber, na vida humana, gera nova acepção constituindo-se como saber aplicado. Daí, a razão como portadora da crítica em que permite a consciência sobre o valor que rege a ação humana. O conceito de razão é que vai constituir o fundamento da ação humana, sobretudo como organização da vida em sociedade. Neste contexto, origina-se a autonomia individual dos sujeitos. O homem se percebe como responsável pela sua ação autônoma.

A partir da modernização a competência pode ser entendida como um processo de definição do saber, do saber-fazer, como forma de racionalização da vida real dos homens. As consequências desta situação é a subjunção do humano ao mundo sistêmico, no qual a economia, no âmbito do poder e do dinheiro, consegue controlar as ações humanas. É isto que caracteriza as sociedades modernas: a passagem de uma visão de mundo simbólico-religiosa, típico das sociedades tradicionais, para uma visão em que a ação instrumental torna-se hegemônica, pela economia e a administração estatal, confirmando, dessa forma, a caracterização das sociedades modernas. Isso pode ser representado pela aplicação do saber-fazer à tecnificação das relações, ou melhor, da própria vida. Por isso, a identidade da sociedade atual encontra-se na fragmentação, na especialização, na compartimentalização, portanto, uma sociedade complexa em que se exige a máxima eficiência na execução das tarefas, e em todos os segmentos das relações sociais, que são submetidos à coisificação. A racionalidade tecnológica invade e domina todas as esferas das relações e da vida em sociedade.

Portanto, a sociedade moderna, mediatizada pela burocratização e a monetarização, faz-se pelo poder e pelo dinheiro como eixos articuladores da vida social. O conceito de competência não se restringiu à competência material, entendida como capacidade restrita à prática para solução de problemas. Mas o conceito foi renovado. Atualmente, entende-se por competência a mobilização de um certo saber-fazer, integrado a uma situação de interação prática, que orienta ação com discernimento. A competência se constrói por esquemas contextualizados em estados pragmáticos. O risco desta referência se põe a partir da ênfase na prática, por aproximar-se dos saberes instrumentais, fruto da estrutura da racionalidade capitalista. A lógica imanente do sistema capitalista impõe pela racionalidade técnico-instrumental a perspectiva utilitarista como dominante, negando a autonomia dos sujeitos. Daí é muito importante as escolas definirem seus programas oportunizando o ensino da cultura geral para o fortalecimento das linguagens e códigos, bem como a reflexão sobre a experiência e, simultaneamente, a abertura dos currículos para o exercício da elaboração dos saberes para aplicá-los na resolução de situações concretas na vida real, ou melhor, formulando a integração destes dois grandes modelos para o desenvolvimento do aprender a aprender na base do sistema educativo, na escola básica. A estrutura social compele as ações dos indivíduos, sobretudo pela relação que se estabelece com os vínculos do poder. É pelas instituições sociais que se materializa o poder. Destas relações resulta a tarefa emancipadora que pode cumprir a escola, diante da liberdade humana.

Por que neste momento se faz presente o desenvolvimento de competência? O baixo desempenho dos sistemas educativos provocaram um profundo mal-estar, levando ao questionamento a validade do que se fazia nas escolas. Não se pretende abolir o conhecimento das escolas, mas segundo as tendências das reformas, nos sistemas educativos, em que se privilegiou o modelo de competência, a busca era que, na escola, também, deveria se aprender coisas úteis à vida. Esta concepção acaba por levantar um franco debate no interior das escolas em que se pretende responder para que serve o que se ensina na escola e qual a sua utilidade efetiva. Portanto, a ideia de formação por competência revela a necessidade de se aproximar a escola às práticas sociais. O centro desta problemática refere-se à viabilização e ao preparo dos indivíduos, hoje, para enfrentarem com naturalidade o futuro e as novas situações do dia a dia.

As recentes pesquisas no campo das ciências cognitivas têm apresentado o conhecimento em três tipos distintos:

• Conhecimentos declarativos, que são os conhecimentos de caráter teórico, dizer o que são as coisas, o mundo... no sentido amplo são os saberes, que permitem a compreensão e a explicação dos fatos.

• Conhecimentos procedimentais, estes correspondem à descrição de um procedimento, ou seja, diz como fazer, orientando a ação do indivíduo no seu meio. Especificamente podem ser relacionados propriamente como um saber fazer, são os conhecimentos práticos.

• Conhecimentos condicionais, que são os que validam os conhecimentos procedimentais. Referem-se à contextualização da ação, possibilitando aos sujeitos a melhor forma para resolver um determinado problema.

Os tipos de conhecimentos, anteriormente sugeridos com o desenvolvimento de competência, explicitam que o fundamento destes encontram-se nos saberes. Mas o ensino das competências se faz por meio do envolvimento do sujeito à prática, que é construída e reconstruída por uma reflexão sobre a ação do sujeito. Neste sentido, pode-se afirmar que não se ensina competências. A aquisição de competência é possibilitada por procedimentos pedagógicos em que, de forma específica, busca-se pela prática uma ação consciente e que também se utiliza da reflexão em situação de aprendizagem por meio de simulações ou em situações específicas de laboratório. O sujeito que processa uma competência deve pôr em ação o sistema de mobilização de um conjunto articulado de operações ativando recursos cognitivos como a memória, o raciocínio, o conhecimento para a prática que integre um saber-agir, a partir de uma situação inédita. Dessa forma se desenvolve uma capacidade integrada de interiorização de normas e regras como conhecimento para um saber sobre um saber-fazer.

Uma competência mobiliza a totalidade dos conhecimentos anteriormente apresentados, na forma de um esquema complexo de ações em que o indivíduo reflete, avalia, observa, relaciona, age, mobilizando os seus esquemas de percepção, diagnóstico e ação para a resolutividade de uma situação inusitada e real. Aqui ocorre a mobilização de esquemas cognitivos, de raciocínio e tirocínio no processo de tomada de decisão. Após exercer a ação, respondendo a determinada situação, forma-se gradativamente a automatização como resposta em outras situações semelhantes em que o agir se fará como ação instantânea, até pela repetição ser transformada como hábito, ou age com domínio, segurança, rapidez e discernimento.

Considerando os argumentos expostos, é importante salientar que o instrumento mais adequado ao processo didático, em que se prioriza o desenvolvimento de competência, é a pedagogia de projetos. O projeto tem a capacidade de articular os saberes aprendidos pelos alunos e mobilizar os conhecimentos, relacionando-os às práticas sociais, às situações de simulação ou a outras práticas de laboratório, motivando a descoberta de novos saberes, e sobretudo pelo incentivo de poder utilizar a cooperação, a autonomia e o discernimento diante das situações de desafio. Neste sentido, muito do bom resultado do trabalho pedagógico com a pedagogia de projeto se radica na forma metodológica de conduzir o projeto, levando os alunos ao aproveitamento das vivências, das descobertas, das curiosidades, da pergunta e chegar ao questionamento. Portanto, o trabalho educativo com projeto pode contribuir para que os saberes adquiridos se transformem em ferramentas de interação prática.

A teoria do capital humano e o desenvolvimento de competências

A categoria da competência é fruto da interpretação pragmática da teoria do capital humano. A partir desta interpretação, a ideia de competência na educação vai determinar que a escolaridade possibilitaria o aumento da produtividade do trabalhador. Na base desta perspectiva teórica funda-se a compreensão de que a educação favorece a interação com as novas tecnologias. Portanto, segundo os economistas Nelson e Phelps, a exigência do padrão tecnológico requer grau crescente de escolaridade. Dessa forma, para o desempenho de atividades simples, a economia exige baixa escolaridade, bastando conhecimentos básicos: saber ler, escrever e o domínio das quatro operações matemáticas. Assim, quanto mais desenvolvida uma sociedade, maior será o seu padrão de exigência na educação, e a difusão das novas tecnologias será feita com maior rapidez. Os níveis crescentes de escolaridade indicam a capacidade de adaptação em situações diferenciadas conforme as circunstâncias. Diante das relações sociais que se modificam com velocidade imprevisível, cada vez mais acentuada, o indivíduo melhor preparado para esta mutante realidade de transitoriedade, no desenvolvimento econômico e tecnológico, será requerido pelo mercado de trabalho.

Theodore Schultz, destacado com prêmio Nobel de economia em 1979, notabilizou-se pelos seus estudos sobre a teoria do capital humano, em que incorpora a relação capital e trabalho, o capital humano, ou seja, o entendimento do homem, como força produtiva a ser considerada como o principal investimento da economia. Neste sentido, o que agrega valor à força de trabalho é a educação. Esse valor é incorporado qualitativamente na medida em que se faz a elevação cultural e escolar dos indivíduos. Schultz atribui a melhoria da qualidade da mão de obra à educação e esta, por sua vez, permitirá aos indivíduos, na melhoria da educação, um aumento de renda. A teoria do capital humano chega à compreensão de que a educação é, de fato, um investimento que será reconhecido pelo mercado de trabalho na forma de competências adquiridas pelo trabalhador. Isso é comprovado comparando-se os salários com a escolaridade do trabalhador. Percebe-se que os maiores salários encontram-se com os trabalhadores que detêm a melhor escolaridade e são mais qualificados. Sob esta óptica significa reconhecer que o desenvolvimento de competência encontra sua base na escolaridade. Trabalhadores com baixa escolaridade desenvolvem tarefas mais simplificadas, enquanto aqueles com maior grau escolar são chamados para atividades mais complexas. Os trabalhadores com mais escolaridade têm, ao longo das suas carreiras, mais oportunidades de entrada e permanência no mercado de trabalho. Do ponto de vista empírico, quanto mais instrução, melhores os salários. Daí os incentivos para os jovens investirem em educação, sobretudo porque maiores os resultados a serem colhidos por um período mais longo, da mesma forma em se tratando do tipo de qualificação a que se destinam os trabalhadores. Assim a tendência dos indivíduos é buscar a qualificação de que o mercado de trabalho tem mais requerido. As taxas de retorno do investimento no capital humano são bem maiores que o retorno de investimento em capital físico. Portanto, para a teoria do capital humano, o investimento em educação tem a sua valorização pelo mercado de trabalho; na medida em que se desenvolvem competências, melhora a produtividade. Ou melhor, se o trabalhador adquire competências durante a sua escolaridade básica, esse trabalhador não gera custos para as empresas e ainda tem a expectativa em aumentar a sua produtividade quando chega ao mercado de trabalho. Neste sentido, a escolaridade é um poderoso instrumento de valorização do trabalhador e um forte indutor do crescimento da economia. Para Schultz, as pessoas com mais instrução teriam condições de identificar oportunidades, adaptarem-se a situações de mudanças, por serem mais flexíveis, com ampla facilidade para o trabalho em equipe e em calcular custos e benefícios, tendo em vista as oportunidades que se apresentam na vida. Portanto, compreende-se que, para o desenvolvimento de competência, é necessário a formação pela instrução por meio dos processos educativos, através da escola. O vínculo desta relação se fortalece pelas condições de que o mercado oferece: aqueles que têm mais educação recebem maiores salários. Pesquisas demonstram que, por cada ano de escolaridade, tem-se um adicional que corresponde a uma variação de até 10% em ganho salarial. Empiricamente pode-se concluir que indivíduos com maior grau de escolarização possuem mais capacidade em tirar proveito e aprender com as suas experiências no mundo do trabalho. Para a teoria do capital humano, a escola teria a função exclusivamente instrumental de preparar pessoas para a atividade produtiva para contribuírem na geração de mais valor. A sociedade tem o seu retorno social na medida em que se tem uma força de trabalho bem qualificada. Não restam dúvidas de que a escola pode formar indivíduos competentes para que se tenha uma força de trabalho bem qualificada, gere mais renda e o estado possa arrecadar mais.

O ensino e o desenvolvimento de competências

Por que o ensino por competências? Qual o seu impacto na formação? Talvez o argumento mais forte e convincente seja a necessidade em dar sentido à escola. Quando se pergunta, qual a validade dos conteúdos da escola no Brasil? Uma questão muito complexa se coloca. Considerando a escola apenas como conteudista que caracteriza a grande maioria, tem-se uma visão por demais pragmática, mas é necessário a escola não se limitar ao ensino de conteúdos teóricos ou declarativos, pois o conhecimento atual poderá estar obsoleto amanhã. Todas as alterações, no formato do desenho curricular para o ensino por competência, modificarão os conteúdos dos programas de curso; isso implicará mudança no planejamento, na didática, na redefinição dos objetivos de ensino, na organização das turmas, no processo de avaliação. Mudará também o âmbito do trabalho na escola e ocorrerá uma metamorfose na cultura da instituição de ensino.

O ensino tendo como referência o desenvolvimento não se desvincula do ensino da cultura geral, mas a contextualização do saber-fazer transforma completamente o sentido dos programas escolares. A reflexão, a partir de situações práticas em que se analisam as experiências com estudo de casos reais ou com discussão de vivências profissionais, decompondo as múltiplas ações de operações combinadas e complementares, desafia a capacidade dos sujeitos. O indivíduo interage com o saber-fazer para o desenvolvimento da criatividade. Isso não implica, necessariamente, perder-se uma postura científica. O ensino, por competência, requer uma atitude científica de quem ensina. A capacidade de formar para agir em contextos em que se precisa responder de forma não programada em situações concretas, demanda a preparação de uma mentalidade aberta, perspicaz e inventiva, sendo indispensável o fortalecimento de espírito analítico-crítico. Portanto, no mundo contemporâneo, a formação pressupõe o ensino para além dos conhecimentos, ensejando a aprendizagem de competências, habilidades e atitudes. Os conteúdos dos programas escolares em que se prioriza o desenvolvimento e o ensino de competências se realizam pela conexão com as habilidades e atitudes. Nos currículos, as habilidades assumem uma dimensão transversal. Estas habilidades transversais estão imbricadas com os conteúdos das disciplinas e unem-se às competências e atitudes, dando substância e natureza da competência a ser requerida. A transversalidade é um recurso metodológico que se mobiliza pelas simulações ou pela experiência no estágio, ou em jogos, ou pela prática de laboratório a aquisição da competência ali requerida. Estas competências efetivamente serão integradas na medida em que o sujeito estiver submetido a situações reais e inusitadas. O contexto da mobilização se faz no plano da aplicação dos conhecimentos e das competências pressupostas intencionalmente.

O modelo das pedagogias problematizadoras permitem o uso de métodos ativos, tendo como propósito pôr em questão obstáculos, em que o aluno tem a tarefa de resolver, com progressiva dificuldade, e buscar solução para uma determinada situação-problema. O que orienta o sujeito é a capacidade de pôr em ação competências. A situação-problema se caracteriza por uma situação didática em que se coloca no sujeito o desafio de uma atividade com a finalidade de se elaborar a aprendizagem de uma capacidade ou competência. Os métodos de ensino tradicionais limitados à exposição oral e ao uso do quadro-negro pelo professor, à memorização, centrados no professor, alunos passivos diante do monólogo do professor, aulas monótonas, que na maioria das vezes não motivam os alunos, que por isso não apresentam um interesse imediato no conteúdo, na matéria ou na disciplina. Existem outras possibilidades didáticas, com metodologias específicas que permitem a integração do processo ensino e aprendizagem de forma dinâmica. É surpreendente a aula em que os professores iniciam por um questionamento. As respostas sugerem múltiplos aspectos de uma situação, que o professor possa até nunca ter se dado conta. Outras respostas erradas geram curiosidades. Visões diferentes de perceber o mundo podem ser investigadas. Logo, pode-se aprender com os erros. O tipo de abordagem que se faz sobre a estrutura de ensino em nossas escolas pode refletir uma concepção de mundo e de sociedade. Aulas dinâmicas, abertas ao livre pensar, em que professores e alunos trocam, articulam e recriam construtivamente o conhecimento, resultam na compreensão da sociedade?

A escola como instituição social pode assumir uma postura emancipadora se no seu projeto pedagógico e simultaneamente instituir na prática pedagógica dos docentes a intencionalidade de promover a formação de sujeitos históricos em que possam construir sua autonomia. Cabe à escola trabalhar a cultura, os sentidos e os valores, colocando-se a serviço da liberdade dos homens. Portanto, a escola deve encontrar, na discussão da formação por competência, o diálogo de uma nova visão de mundo, característica da sociedade urbano-industrial, para o processo de inclusão dos mais pobres.

Referências

ARROYO, Miguel G. (2004). *Ofício de mestre*: imagens e autoimagens. Petrópolis: Vozes.

ARRUDA, Marcos (2004). *Humanizar o infra-humano*. Petrópolis: Vozes.

ASSMANN, Hugo (2005). *Reencantar a educação*. Petrópolis: Vozes.

AUGÉ, Marc (2003). *Não lugares*: introdução a uma antropologia da supermodernidade. 3. ed. Campinas: Papirus.

BECKER, Fernando (2000). *A epistemologia do professor*. Petrópolis: Vozes.

BRANDÃO, Carlos Rodrigues (2004). *Educação popular na escola cidadã*. Petrópolis: Vozes.

BRUNER, Jerome (2002). *Atos de significação*. Porto Alegre: Artmed.

BURKE, Thomas Joseph (2004). *O professor revolucionário*. Petrópolis: Vozes.

CANDAU, Vera Maria (org.) (2002). *A didática em questão*. Petrópolis: Vozes.

_____ (2004). *Magistério*: construção cotidiana. Petrópolis: Vozes.

CODO, Wanderley (org.) (2004). *Educação*: carinho e trabalho. Petrópolis: Vozes.

CONTRERAS, José (2002). *A autonomia de professores.* São Paulo: Cortez.

DEMO, Pedro (2002). *Desafios modernos da educação.* Petrópolis: Vozes.

FREIRE, Paulo (1996). *Pedagogia da autonomia.* São Paulo: Paz e Terra.

FREIRE, Paulo & HORTON, Myles (2004). *O caminho se faz caminhando.* Petrópolis: Vozes.

GEERTZ, Clifford (1989). *A interpretação das culturas.* Rio de Janeiro: Guanabara Koogan.

GROSSI, Esther (2003). *A coragem de mudar em educação.* Petrópolis: Vozes.

HABERMAS, J. (2004). *Verdade e justificação* – Ensaios filosóficos. São Paulo: Loyola.

LIMA, Adriana Oliveira (2004). *Fazer escola.* Petrópolis: Vozes.

MORIN, Edgar (2001). *Os sete saberes necessários à educação do futuro.* São Paulo: Cortez.

MORAES, Maria Cândida (2004a). *O pensamento ecosistêmico*: educação, aprendizagem e cidadania no século XXI. Petrópolis: Vozes.

_____ (2004b). *Educar na biologia do amor e da solidariedade.* Petrópolis: Vozes.

NOGUEIRA, Adriano (org.) (2005). *Ciência para quem? Formação científica para quê?* Petrópolis: Vozes.

OLIVEIRA, Manfredo A. de (2001). *Desafios éticos da globalização.* São Paulo: Paulinas.

PEREIRA, Marcelo R. (2005). *O avesso do modelo.* Petrópolis: Vozes.

PERRENOUD, Philippe (1999). *Avaliação entre duas lógicas*. Porto Alegre: Artmed.

_____ (2001). *Ensinar*: agir na urgência, decidir na incerteza. 2. ed. Porto Alegre: Artmed.

PETRAGLIA, Izabel Cristina (2002). *Edgar Morin*. Petrópolis: Vozes.

PIMENTA, S.G. & ANASTASIOUS, L. das G.C. (2002). *Docência no Ensino Superior*. Vol. I. São Paulo: Cortez.

RANGEL, Mary (2000). *Representações e reflexões sobre o "bom professor"*. Petrópolis: Vozes.

REGO, Teresa Cristina (2004). *Memórias de escolas*: cultura escolar e constituição de singularidades. Petrópolis: Vozes.

SACRISTÁN, J. Gimeno (1998). *Poderes instáveis em educação*. Porto Alegre: Artmed.

SACRISTÁN, J.G. & GÓMEZ, A.I.P. (1998). *Compreender e transformar o ensino*. Porto Alegre: Artmed.

SHÖN, Donald A. (2000). *Educando o profissional prático-reflexivo*. Porto Alegre: Artmed.

SILVA, Tomaz Tadeu da (2004). *Documentos de identidade*: uma introdução às teorias do currículo. Belo Horizonte: Autêntica.

SOBRINHO, José Dias (2005). *Avaliação da educação superior*. Petrópolis: Vozes.

TARDIF, Maurice (2002). *Saberes docentes e formação profissional*. Petrópolis: Vozes.

TARDIF, Maurice & LESSARD, Claude (2005). *O trabalho docente*: elementos para uma teoria da docência como profissão de interações humanas. Petrópolis: Vozes.

THERRIEN, Jacques (1993). O saber social da prática docente. *Educação e Sociedade*, 46.

THERRIEN, Jacques & LOYOLA, F.A. (2001). Experiência e competência no ensino – Pistas de reflexões sobre a natureza do saber-ensinar na perspectiva da ergonomia do trabalho docente. *Educação e Sociedade*, ano XXII, n. 74, abril.

THEUREAU, J. (1992). *Le cours d'actions: analyse sémiologique* – Essai d'une anthropologie cognitive située. Paris: Peter Lang/Berne.

VASCONCELOS, Celso S. (1995). *Planejamento*: plano de ensino-aprendizagem e projeto educativo. São Paulo: Libertad.

VASCONCELOS, M. do S.; CAMPOS; Casemiro de Medeiros et al. (2004). *Educação e liberdade.* Fortaleza: Brasil Tropical.

VEIGA, Ilma P. Alencastro (1998). *Caminhos da profissionalização do magistério.* Campinas: Papirus.

_____ (2001). *Licenciatura em pedagogia*: realidades, incertezas, utopia. Campinas: Papirus.

CULTURAL

Administração
Antropologia
Biografias
Comunicação
Dinâmicas e Jogos
Ecologia e Meio Ambiente
Educação e Pedagogia
Filosofia
História
Letras e Literatura
Obras de referência
Política
Psicologia
Saúde e Nutrição
Serviço Social e Trabalho
Sociologia

CATEQUÉTICO PASTORAL

Catequese
  Geral
  Crisma
  Primeira Eucaristia

  Pastoral
   Geral
   Sacramental
   Familiar
   Social
   Ensino Religioso Escolar

TEOLÓGICO ESPIRITUAL

Biografias
Devocionários
Espiritualidade e Mística
Espiritualidade Mariana
Franciscanismo
Autoconhecimento
Liturgia
Obras de referência
Sagrada Escritura e Livros Apócrifos

Teologia
  Bíblica
  Histórica
  Prática
  Sistemática

REVISTAS

Concilium
Estudos Bíblicos
Grande Sinal
REB (Revista Eclesiástica Brasileira)

VOZES NOBILIS

Uma linha editorial especial, com importantes autores, alto valor agregado e qualidade superior.

VOZES DE BOLSO

Obras clássicas de Ciências Humanas em formato de bolso.

PRODUTOS SAZONAIS

Folhinha do Sagrado Coração de Jesus
Calendário de mesa do Sagrado Coração de Jesus
Agenda do Sagrado Coração de Jesus
Almanaque Santo Antônio
Agendinha
Diário Vozes
Meditações para o dia a dia
Encontro diário com Deus
Guia Litúrgico

CADASTRE-SE
www.vozes.com.br

EDITORA VOZES LTDA.
Rua Frei Luís, 100 – Centro – Cep 25689-900 – Petrópolis, RJ
Tel.: (24) 2233-9000 – Fax: (24) 2231-4676 – E-mail: vendas@vozes.com.br

UNIDADES NO BRASIL: Belo Horizonte, MG – Brasília, DF – Campinas, SP – Cuiabá, MT
Curitiba, PR – Fortaleza, CE – Goiânia, GO – Juiz de Fora, MG
Manaus, AM – Petrópolis, RJ – Porto Alegre, RS – Recife, PE – Rio de Janeiro, RJ
Salvador, BA – São Paulo, SP